甲板平面圖

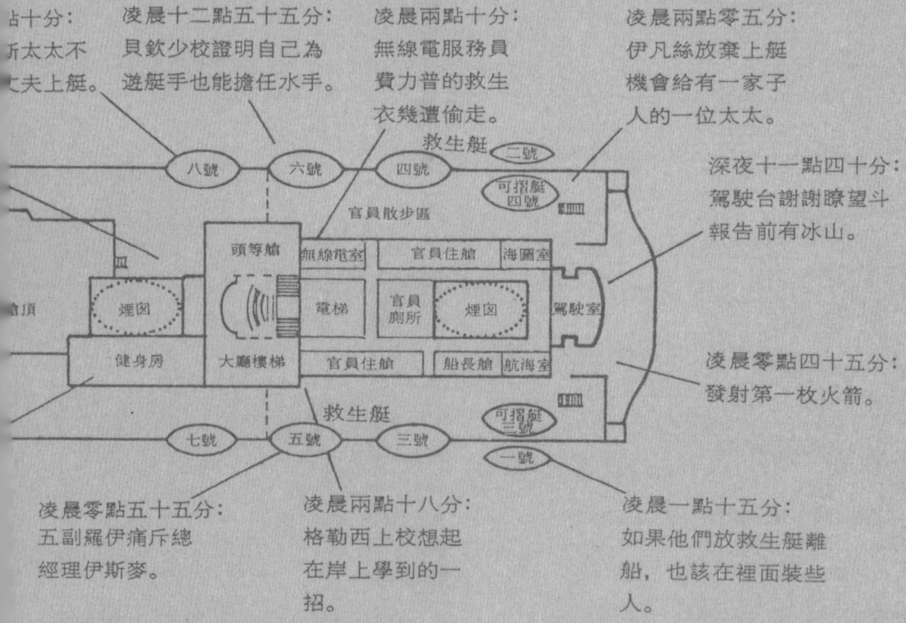

十分：
太太不
夫上艇。
凌晨十二點五十五分：
貝欽少校證明自己為
遊艇手也能擔任水手。
凌晨兩點十分：
無線電服務員
費力普的救生
衣幾遭偷走。
凌晨兩點零五分：
伊凡絲放棄上艇
機會給有一家子
人的一位太太。
救生艇
二號
八號
六號
四號
可摺艇
四號
官員散步區
深夜十一點四十分：
駕駛台謝謝瞭望斗
報告前有冰山。
頭等艙
無線電室
官員住艙
海圖室
煙囪
電梯
官員
廁所
煙囪
駕駛室
健身房
大廳樓梯
官員住艙
船長艙
航海室
凌晨零點四十五分：
發射第一枚火箭。
救生艇
可摺艇
七號
五號
三號
一號
凌晨零點五十五分：
五副羅伊痛斥總
經理伊斯麥。
凌晨兩點十八分：
格勒西上校想起
在岸上學到的一
招。
凌晨一點十五分：
如果他們放救生艇離
船，也該在裡面裝些
人。

1912.04.12沉沒

鐵達尼號救

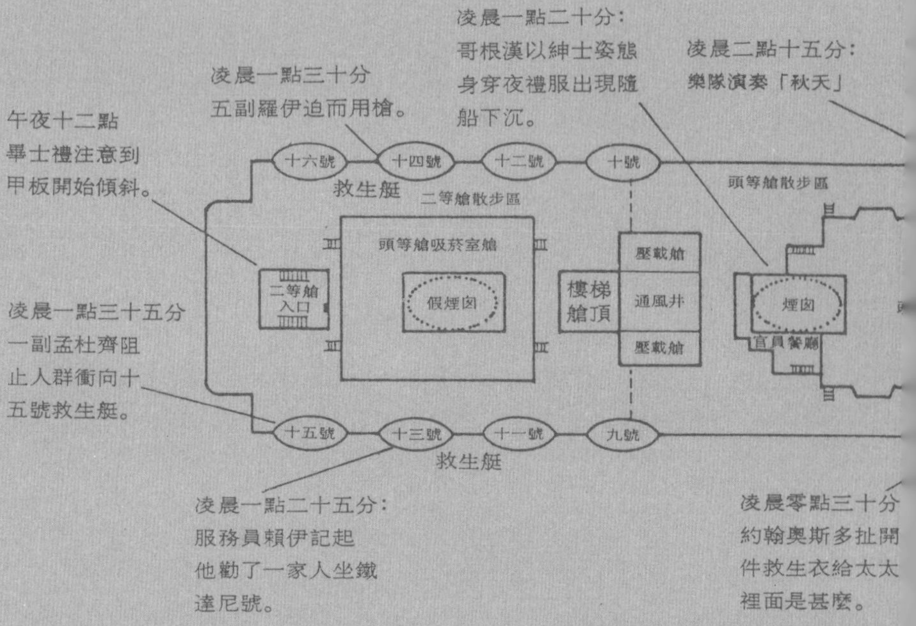

揭開鐵達尼號的面紗

黃文範 著

文史哲出版社印行

國家圖書館出版品預行編目資料

揭開鐵達尼號的面紗 / 黃文範著. -- 初版. --
臺北市 :文史哲, 民 87
面 ; 公分.
ISBN 957-549-154-8 (平裝)

1.鐵達尼號 2.海難

557.491 87008105

揭開鐵達尼號的面紗

著 者：黃 文 範
出版者：文 史 哲 出 版 社
登記證字號：行政院新聞局版臺業字五三三七號
發行人：彭 正 雄
發行所：文 史 哲 出 版 社
印刷者：文 史 哲 出 版 社
臺北市羅斯福路一段七十二巷四號
郵政劃撥帳號：一六一八〇一七五
電話 886-2-23511028・傳眞 886-2-23965656
實價新臺幣一六〇元
中 華 民 國 八 十 七 年 七 月 初 版

ISBN 957-549-154-8

序

拙譯《鐵達尼號沉沒記》，自從八十六年十一月發行「九歌版」以來，隨著電影「鐵達尼號」，暢銷久久。引發了為時八十七年以來又一波的「鐵達尼熱」，舉凡與這部電影與這條船的種種切切，都受到關注，引起興趣。

歷史上，有過許許多多次的海難，沉過不少的艨艟巨船，但卻從沒有像「鐵達尼號」一般，受到後世的追憶、憧憬，甚至謳歌；生還的乘客視等傳奇，死去的男女讚為英雄；殘骸所在，搜尋了近四分之三個世紀，打撈出的遺物，連一小塊煤都裝成架供，售價兩千五百美元。至於為船及人立碑、建園、立傳，小說、詩歌、電影、戲劇、電視連視劇……更是代代層出不窮，這種對一條船的迷惑一至如此，而且歷久不衰，使人萬難相信，大惑不解。

即以它的姊妹輪「不列顛尼號」（Britannic）來說，噸位、大小、形態完全與「鐵達尼號」相同，一九一四年二月廿六日下水，「白星輪船公司」宣佈，要繼「鐵達尼號」之後，在一九一五年春行駛南安普敦市與紐約這條航線。不料第一次世界大戰爆發，便改裝成醫院船，行駛不到一年，一九一六年十一月廿一日，航行在愛琴海時，船頭發生爆炸，一個小時內完全沉沒，下沉的時間比「鐵達尼號」快一倍，但船上一千一百人，得救生還的達一千零七十人。

「不列顛尼號」爲甚麼沉沒，言人人殊，有說它遭潛水艦魚雷攻擊，但德國否認；直到一九七六年才爲人發現殘骸，不像「鐵達尼號」斷成兩截，它船體完整，只在船頭左舷炸開了一個大洞，使人相信它撞到了水雷所致。

令人奇怪的是，這兩條船大小相同，都發生海難沉沒，相形之下，「不列顛尼號」的殘骸，躺在一百二十公尺深海底，沒有人想去打撈；而「鐵達尼號」深入海下四千公尺，卻有全世界的財閥巨富，千方百計想把它打撈上來。

舉世產生了一批「鐵達尼迷」，英文還爲他們創造了一個新字 Titanomania，他們那種對一條沉船種種切切的好奇、探索，甚至沉迷，認爲是一種不可解的奧妙（mystigue），具有難以言喻的魅力（charisma）；這種「迷」居然久久存在，代代相傳，誠屬不可解不可解。

我迷上這條船已久，蒐集的資料與剪報也多，人只道拙譯託電影的順風船而暢銷，但很少有人想到何以拙譯「要出手時便出手」？便在平日長達二十年的準備功夫，大陸譯才濟濟，高手如雲，爲甚麼偌多盜版本都離不開拙譯，便由於美國書市競爭，遠比亞洲激烈，排擠效應奇巨，出版達兩年以上的書，就已打進冷宮，回收倉庫化作紙漿了；急切間，難以覓得勞德四十年前的原版書所致。

我在二十年前，便收集勞德「鬥雞出版公司」（Bantam）的平裝本，但我不以此爲滿足，又在八十五年十一月，請紐約的好友翻譯家汪班（袁永）兄，多方爲我覓得了霍林溫出版公司（Holt Rinehart and Winston）一九五五年的精裝本。

我在十六年前開始翻譯的是平裝本，及至得到精裝本，更愛若拱璧，最大的原因便是書中的「附圖」（illastraded with photographs），全書共有五十二幅得來不易、彌足珍貴的圖說與照片。只是這本書譯成中文在去年出版時，「九歌出版公司」以文字爲主，各章另繪插圖，對精裝本的這些寶貴的圖片棄而不取。

在《鐵達尼號沉沒記》銷得風風火火期間，我陸陸續續寫了幾篇文字作感想、作說明，還有對那次海難的一些瑣碎事務作了查察的工夫。例如大陸出版界討論有關「鐵達尼號」上的華人，說上網查得共有六人，但我根據精裝本，卻發現共有七人，都住三等艙，稱爲「英國國民」，很可能是英屬各地——更可能是香港——的華人。

由於這些引人興趣的資料與事實，我相信與我同樣爲「鐵迷」的人不少，獨樂樂不如衆樂樂，因此添加了一些相關的圖片與漫畫，將「九歌版」未曾刊出的圖片和這些文字，輯爲一集「揭開鐵達尼號的面紗」出版，以饗讀者供談助、供集藏。

本書中，「鐵達尼號」救生艇甲板層及底艙層兩張中文平面圖，我未假手他人而親自譯繪完稿，耗了我不少時間，但卻興味盎然，身爲「鐵達尼迷」之一，這項工作使我有充分滿足的成就感，再繁再煩也值得了。

黃文範

八十七年端午節

揭開鐵達尼號的面紗 目錄

第一篇　百聞不如一見

眼看他起高樓，
眼看他樓塌了。

鐵達尼號開工了！1908 年 7 月 29 日，由哈南一吳爾夫公司（Harland & Wolff）承造，在女王島（Queen Island）的繪圖處，繪製成百上千張藍圖及施工圖。

鐵達尼號三具鐵錨，每具重達十五噸半，要由八匹巨馬拖運到船塢。

鐵達尼號的船艏鐵錨鏈，長三百二十公尺。

下水前測試液壓系

鐵達尼號船艏滑離下水觀禮台

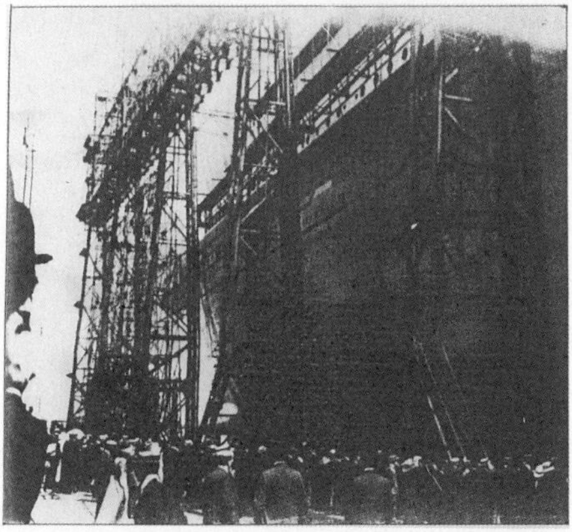

下水前，群眾挨近船艉滑軌的兩側。

下水了！鐵達尼號船艉的紅色下水旗飄揚，船體進入貝爾發斯特港的海水。

在哈南吳爾夫造船公司中心的「鐵達尼號」，不過船名特出很可疑，很可能爲在船難後加在照片上而得。

「奧林匹克號」與「鐵達尼號」（右）爲姐妹輪，同停在伯爾發斯特港，或許是兩輪一起的唯一照片。

鐵達尼號的鍋爐

鐵達尼號的船機，電影中有實際的機器開動。

一九一二年四月一日，「鐵達尼號」駛離伯爾發斯特港

一九一二年四月十日，「鐵達尼號」停泊南安普敦港

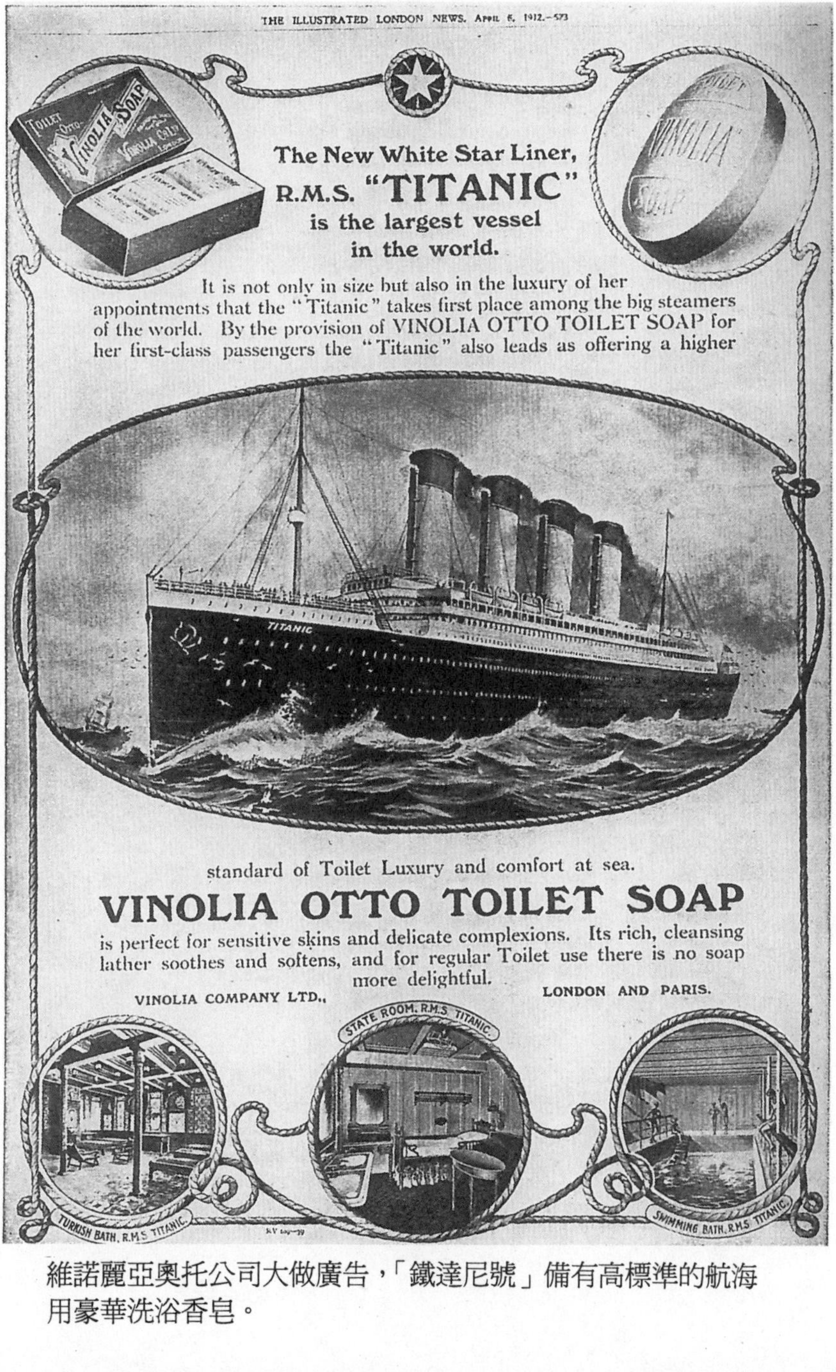

維諾麗亞奧托公司大做廣告，「鐵達尼號」備有高標準的航海用豪華洗浴香皂。

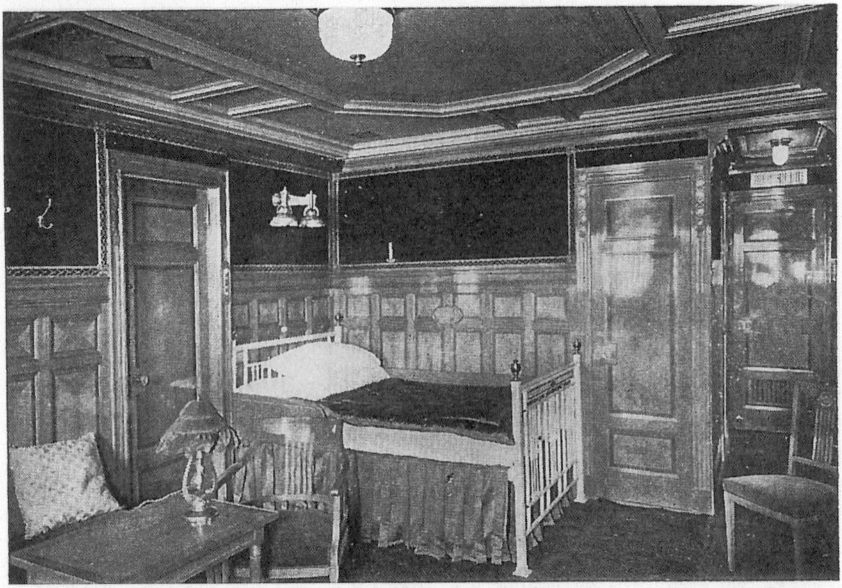

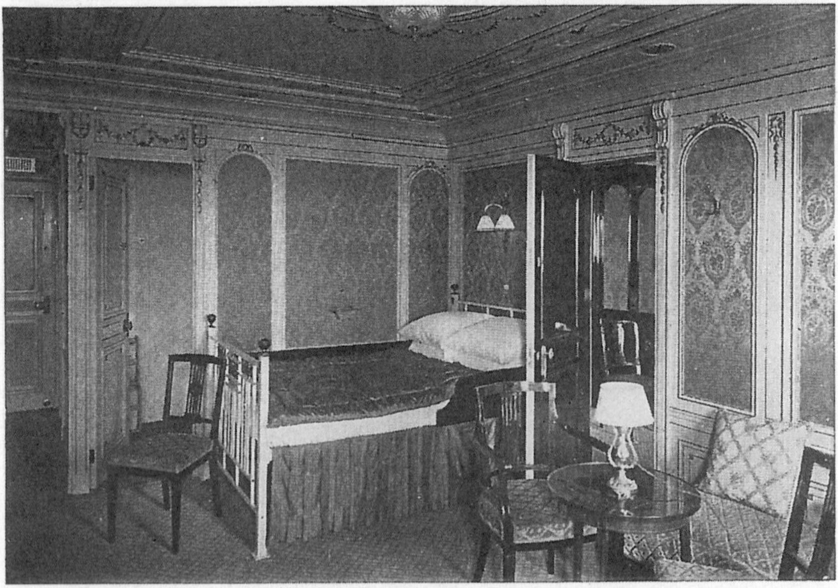

「鐵達尼號」上的 B-57 及 B-58 客艙，船內帽掛使造船家安德魯不快，倒不是掛架的位置，而是用了太多的螺絲。

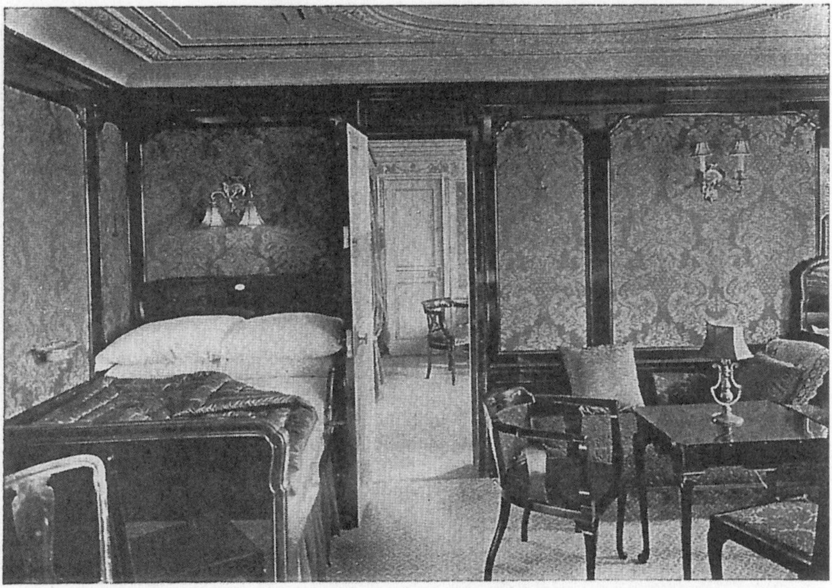

「鐵達尼號」上的 B-59 及 B-60 客艙，雖經室內裝飾家設計，但白星公司還是在夜間裝置制式的雜物收納網。

頭等艙豪華套房的私人散步甲板，六天航程，付費 4,350 美元（約略相當於現在的五萬美金）。

海上航程中愉快的聚會場所在——巴黎人咖啡廳

救生艇甲板層的健身房——約翰奧斯多扯開一件救生衣，讓太太看看裡面是甚麼。蘿絲和傑克在這裡軟語溫存。

船上的土耳其浴室，為全世界第一處船上按摩室。

一九一二年四月十日，約翰奧斯多搭火車前往參加鐵達尼號的處女航。

四月十一日，鐵達尼號停泊在昆士鎮港，船長史密士與事務長麥克爾羅的合影，這也可能是史密士最後一張照片。

「鐵達尼號」發航前裝行李；四天以後，也就是這條船的這一處地方，五副羅伊開槍。

鐵達尼號始航

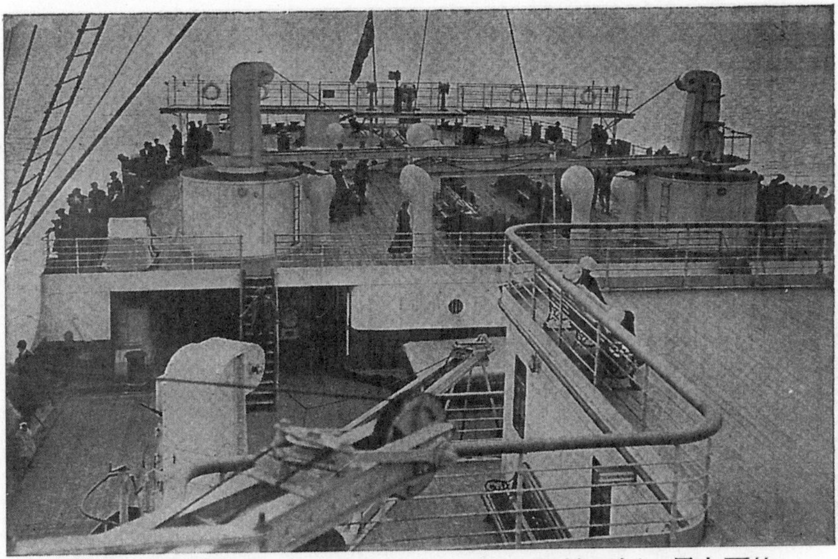

「鐵達尼號」駛往昆士鎮途中，所拍攝的艉樓甲板，最左面的船欄，是船下沉時，最後船尾翹起，麵包師約亨從那裡爬出的地方。

「鐵達尼號」的救生艇甲板，四月十一日泊昆士鎮港所攝，這一段爲二等艙散步區，左側的救生艇爲雙數的 10 號至 16 號。

昆士鎮港夜間所見的鐵達尼號，船沉以前，救生艇上的人所見與這張照片相同。

四月十一日，「鐵達尼號」在昆士鎮港下錨，這或許是這艘巨輪最後一張照片。

「鐵達尼號」停泊昆士鎮港時，乘客俯望旁邊的勤務船。四天後，羅斯伯爵夫人便操作接近照相機的這艘救生艇舵柄。

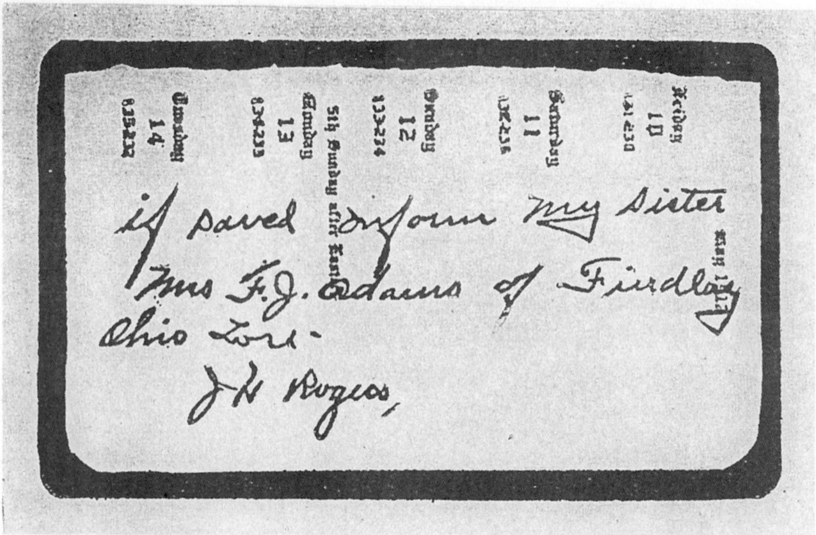

if saved inform my sister
Mrs F. J. Adams of Findlay
Ohio Love.
J H Rogers,

在救生艇甲板上所寫的訣別函：「倘獲救，請通知舍妹—俄亥俄州懷德勒市亞當斯太太·愛。羅吉斯 託」

Messrs Coutts Bank Ltd. April 16th 1912
Strand, London W.C.
Pay to J. Horswell or order
the sum of Five Pounds.
£5-0-0. Cosmo Duff Gordon

戈登爵士許諾救生艇上船員的「五塊錢」：「見條即付何斯威爾五鎊整　　此致　倫敦河濱路陽克銀行

戈登　一九一二年四月十六日」

在冰海中疾駛五十八海浬（一〇四公里）往救「鐵達尼號」的「喀爾巴阡山號」，該船駛進紐約，船桅均下半旗致哀。

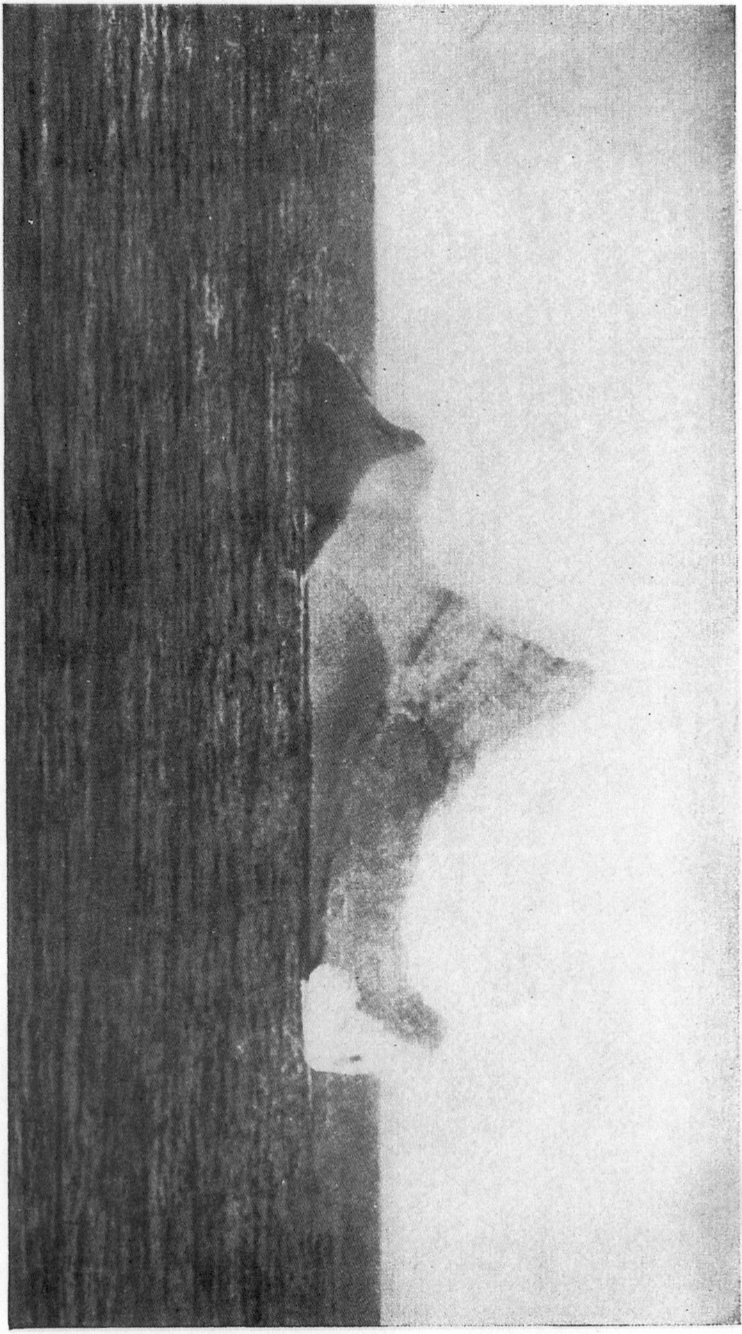

沉船的的真兇—擦沉「鐵達尼號」的冰山，人人所說的形狀不一，但這張照片中的冰山卻較似真兇。四月十五日晚上，德國商船「亞爾伯特王子號」上的服務長，他並沒有聽說鐵達尼號撞及冰山，卻拍了這張照片，因為冰山底部有一大片紅丹船漆，顯示它與船殼相撞過，駐紐約的白星輪船公司副總經理傅南克林激動至深，一直不肯看這張照片。

這一張以及以後的五張照片，都是「喀爾巴阡山號」上的乘客奧格登（Louis M. Ogden）在四月十五日清晨所攝，這張照片便可看見十四號救生艇上的五副羅伊揚帆駛向「喀爾巴阡山號」，可見船帆搶風，但靠近大船時，救生艇便降下艇帆了。

這時羅伊降下艇帆，而划向「喀爾巴阡山號」，可見他站在艇尾把舵，後面拖著四號艇，
那是他在一小時前在海上找到的可摺艇。

四號可摺艇挨近「喀爾巴阡山號」它是離開「鐵達尼號」的最後一條小艇，伊凡斯小姐放棄了自己上船的機會給一位布朗太太。

「鐵達尼號」兩艘小艇靠在「喀爾巴阡山號」邊，一艘的乘客已上船，一艘正準備上船。

「鐵達尼號」上待救的人員運上「喀爾巴阡山號」。蕭滋小姐吊上船時，船上的水手叫道：「哥兒們，小心，她是輕量級呀！」

「鐵達尼號」的救生艇吊上「喀爾巴阡山號」倒卻海水，得救的人提到坐在艇邊的人，有了一處「外臥舖」。

惟一一對得救的蜜月伉儷—哈德夫婦，他們正和海斯太太談話，海斯先生沒有生還。

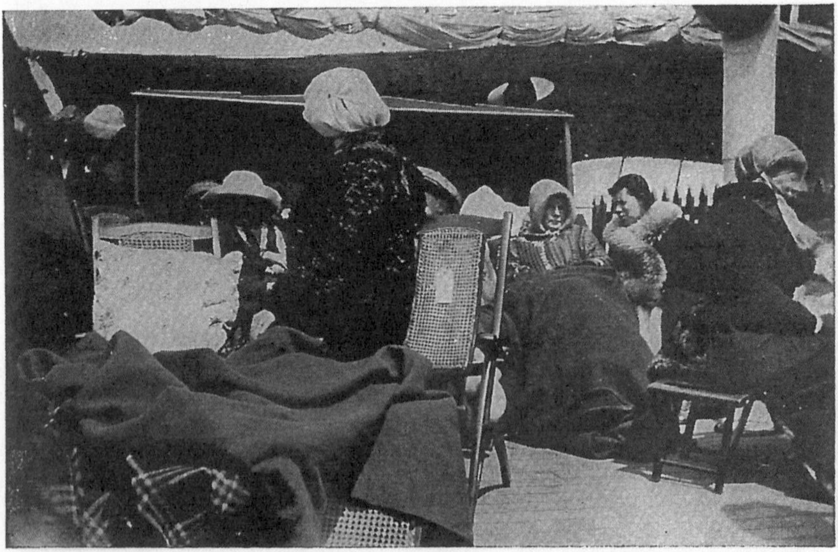

四月十五日晨，「鐵達尼號」得救的婦女在「喀爾巴阡山號」甲板上恢復精神。

鐵達尼號上的四位英雄（由左至右，由上而下）：羅斯伯爵夫人在八號救生艇掌舵……五副羅伊從海水中救起游泳的乘客……造船工程師安德魯幫助很多婦女逃出他所造的這條船……麵包師約亨可能是最後離船的人。

同命鴛鴦史特勞斯伉儷（Mr. & Mrs. Isidor Straus）

史特勞斯太太也不肯走：「我一向都和先生在一起，爲甚麼現在我要離開他？」的的確確他們一起走過了漫漫長途：邦聯的餘燼……費城小小一家瓷器業……創造了遍及全國的梅西百貨公司……進入國會……目前正是成功的一生中頂尖的快樂時光——顧問委員會，慈善機構，嗜好，旅行。這個冬天，他們到了馬丁岬，而「鐵達尼號」的處女航，似乎是結束這次行程的愉快途徑。

這天晚上，史特勞斯夫婦和別人都到了甲板上，起先，史特勞斯太太似乎茫茫然不知道做甚麼好。有一陣子，她把一些小小的首飾交給女佣人愛倫貝德，當時又拿了回去。後來她去過救生艇甲板，幾幾乎上了八號救生艇——卻又轉回身來，再和史特勞斯先生在一起。這時她下定了決心：「這麼多年來，我們一直都生活在一起。你去的地方，我也去。」

格勒西、韋納和其他朋友，一再想使她上艇，卻徒勞無功。這時，韋納轉面對著史特勞斯先生說：「我保證不會有人反對像您這樣的老先生上小艇……」

「我不會在其他男士以前走。」他說過，說了就算，他們兩夫婦一起坐在甲板上的鴛鴦椅上了。

生死不離的史特勞斯夫婦

得救生還的服務員布萊德在倫敦出席英國的調查庭

「喀爾巴阡山號」服務員寇坦，收到「鐵達尼號」的求救電報。

「加州號」船上官員，勞德船長膝上的望遠鏡多少是種諷刺，「鐵達尼號」沉沒時，「加州號」僅僅在十浬(十八公里)開外

馳救的「喀爾巴阡山號」船長羅斯壯及船上官員。

丹佛市百萬富豪布朗太太，她在六號救生艇上組成人員划槳，這是她送給「喀爾巴阡山號」每一個船員的獎章。

在紐約「白星輪船公司辦事處」等消息的群眾，四天中全市忐忑，直到「喀爾巴阡山號」駛到方真相大白。

「喀爾巴阡山號」運回紐約的「鐵達尼號」救生艇，立即派工擦去艇邊的船名。

BASEBALL FINAL EDITION

The Evening Sun.

BASEBALL FINAL EDITION

VOL. XXVI. NO. 25. NEW YORK, MONDAY, APRIL 15, 1912. PRICE ONE CENT.

ALL SAVED FROM TITANIC AFTER COLLISION

RESCUE BY CARPATHIA AND PARISIAN; LINER IS BEING TOWED TO HALIFAX AFTER SMASHING INTO AN ICEBERG

Baltic, Virginian, Olympic and Other Ships Summoned by Urgent Wireless Calls.

BIGGEST OF LINERS IN CRASH

She Carried Over 1,400 Passengers, Many of Prominence—Message from Olympic Telling of Rescue.

OLYMPIC SENDS FIRST WORD OF RESCUE.

THE TITANIC UNDER WAY.

ANXIOUS INQUIRERS AT LOCAL OFFICES

White Star Folk Besieged by Friends of Passengers.

GIANTS DROP GAME AT HUB

Boston Braves Win From McGrawites.

MATTY MAKES HIS DEBUT

Snodgrass Plays First in Place of Merkle.

《太陽晚報》擺烏龍：

頭版標題爲「鐵達尼號撞冰山後，所有人員均得救生還。」

第一篇　鐵迷絮語

一、書與船

——《鐵達尼號沉沒記》與《鐵達尼號》電影

一九九六年十一月十三日那一期的《時代》周刊，都是些使人鬱卒的消息；印度新德里五千公尺高空，兩架客貨機相撞，死了三百四十九人；還有美國的〈軍中糗事〉……直到報導電影時，標題〈咕嚕、咕嚕、咕嚕……〉（Glub,Glub,Glub……）才抓住了我，方始知道好萊塢投資了一億八千萬美元拍攝《鐵達尼號》（Titanic），而擔綱的這位大手筆導演，便是導《魔鬼大帝——眞實的謊言》（True Lies）的詹姆斯柯麥隆（James Cameron），不禁眼光一亮，癡癡等待了十五年的事，總算讓我等到了。

世界上，沒有任何一次災難，能像八十七年前四月十四日，英國巨型客輪「鐵達尼號」在大西洋擦撞冰山沉沒，更能抓住世人老少三代無窮無盡的神爲之往了。報紙、期刊、雜誌、專書，再加上傳播界的音樂劇、電視連續劇和電影，都對那一次海難，作了形形色色的敘述、描繪、報導與攝製。

「鐵達尼號」沉沒在一九一二年，也就是中華民國開國元年，不久，這段沉船的故事便在我國國文教科書中出現，古稀以上的人，大致都還記得小時候讀過。三十年前，好萊塢拍攝的《冰海沉船》黑白片，由肯尼斯摩爾主演船上的大副，記憶猶新；而這一次卻是以現代科技拍攝彩色大銀幕電影，有高空與低空俯攝的船景，有海下四千公尺沉船殘骸的眞景，聲光俱佳，拍製費用號稱電影界首屈一指，吸引觀衆的力量堪稱空前，光美國的票房，即已超過十億美元了。

人各有癖，我治譯以外，對人類災難的紀錄也情有所鍾。除開戰爭史實外，「鐵達尼號」的種種切切，我更隨時都加以蒐集、剪貼。

民國七十一年，我便開始譯華特勞德（Walter Lord）的《鐵達尼號沉沒記》（A Night to Remember）全書十章，我譯了前面六章，在《現代民防》上一期刊載一章，後來有人認爲市面已經有過譯本，我便停譯了。這種譯名著而不得不中途叫停，《鐵》書並不是第一次，像我譯《坑人二十二》（Catch-22）也只譯了三分之一，因爲版權爲別人所有而擱了筆，但卻總擱在心裡，從沒有丟開過。這一次居然有這麼大手筆的電影問世，機會難得，因此便再續前緣，把其餘四章一次譯完，送交蔡文甫兄，請他的九歌出版社發行。

我在八十六年四月份便交出了譯文全稿，文甫兄卻十分躊躇，出呢？還是不出？這是一個問題。臺灣的翻譯市場小，他說九歌出的譯書，沒有銷過三千冊以上的。八十五年前一條船沉了，又過了四十年才有人寫成一本書，當時雖然英文的精裝平裝本都暢銷，但已過了四十五年了，還有市場嗎？所以一直推遲下來，不敢出手。

國外一般影評對這部耗資最鉅的電影原本也並不看好，認爲可能只是另一部《

水世界》，會虧得灰頭土臉。及至到十月份，這部新片在東京初試啼聲，反映不惡，文甫兄這才咬牙下了決心，出書！沒想到配合了電影在臺灣上映，竟三個月不下片，這本書也跟著大賣，連銷到香港都站上暢銷書第一名，九歌有了一個好年冬，我也才舒了一口氣。

我看過黑白片的《冰海沉船》，由於根據勞德原著，十分忠實於史料，但卻空間侷促，難以發揮。這次《鐵達尼號》上映，從首映到現在，我看過三次，參照譯書的經歷，心得獨多，認爲電影與書並輔並成，相得益彰，不可偏廢。

《鐵達尼號沉沒記》忠於史實，記載綦詳，船長多少，舷寬若干，縉紳名流文人雅士都有記載，船沉以後的遇救數字，英美兩國的調查，都經著墨。但《鐵達尼號》電影卻場面廣大，人物衆多，船內極盡豪華的設備，與船機雄峙爐火熊熊的底艙，頭等艙到三等艙的情景與乘客，都有著力的鏡頭。它以一個虛構的愛情故事作引子，鏡頭跟著這對小冤家的腳步，忠忠實實上天入地追隨到全船每一個角落，誘導觀衆眼見爲眞，船沉前後的歡樂與悲慘情況，一秒秒都再造了當時的經過。李奧納多狄卡皮歐在艇邊撒手悽然下沉到深不可測的黑暗海底，更使人爲這段生離死別的「愛的故事」而淚下。

《鐵達尼號沉沒記》受電影的引力而暢銷，雖是得附驥尾，但對翻譯界也是一種鼓舞，證明譯書依然大有可爲，但要選對書，還選對了時間。不過，原著並不因電影而銷得好，我也有深刻的經驗。像我譯過的《西線無戰事》、《凱旋門》、《巴頓將軍》、《麥克阿瑟傳》、《奪橋遺恨》、《戰爭與和平》、（蘇聯拍製的《戰爭與和平》到臺灣放映時，對白中文便採用拙譯）等，都沒有因電影而暢銷；《最長的一日》雖然暢銷，但卻不是因爲電影，而是諾曼第登陸六十週年所致。

大陸將在四月份起放映這部電影，拙譯簡體字版也將由浙江文藝出版社發行，不過爲了追隨大陸所採用的電影片片名，書名將改爲《泰坦尼克號的沉沒》。按照英譯發音，Titanic譯「泰坦尼克」十分正確，但「鐵達尼號」的「鐵」音則出自希臘文，所以《希臘羅馬神話和聖經小字典》（北京，外語教學與研究出版社，頁一四四）中，Titan便譯爲「提坦」。

簡體字版本中，倒是使我修正了九歌版中的一項失誤。依據《海事名詞》，船上官員chief officer爲「大副」，second officer爲「二副」。名從主人，我便本此規定去譯，可是「鐵達尼號」是條超級巨輪，竟有third，fourth, fifth, and sixth officers，而且還有first officer，這可難爲了翻譯的人了。當時爲了將就我國海運船舶上的固有稱謂，Chief Officer還是譯「大副」，而first officer 則譯「二副」，以下各副的中文譯名都降了一級，如 third officer譯爲「四副」，但總覺不甚妥當。因此，在簡體字版本中，我決心創譯一個我國海事上所未備的職稱，將first officer逕譯爲「一副」，「鐵達尼號」上一副以下的二副、三副、四副、五副、六副便與英文一致了。

——八十七年四月份「聯合文學」一六二期。

鐵達尼號……

舉世最大的海難悲劇

肯尼斯摩爾　主演

冰海沉船

二、鐵達尼號之役

——一氣化三清，分身打本尊

近來，朋友們見了面，總不忘說一聲：「恭喜大作暢銷！」我總是說：「謝謝，託福託福！」

這是我的由衷之言，做翻譯是一種「壯夫不為」的冷門活兒，不迎合世俗而去譯書，譯一本衆皆曰可棄而自己卻衷心喜愛的書，十六年中從不放棄希望，而能出版問世，在年湧三萬書的臺灣亮相，已屬奢望，不料卻因為諸多機運的福緣，而使它能躋入當紅大賣的排行榜，身為這本書的「養母」，自是開心，而對這些福源，滿懷感激感恩了。

首先要感謝著作權法的實施，保障了翻譯人的權益，沒有遭遇搶譯搶出的排擠效應，回想一二十年前，一本好書問世時，那種群起而譯搶攻出版市場的亂象，而今卻市場秩序肅然，只有一家出版社獨賣，對翻譯人也是一種尊重，怎能不謝法律的進步。有此一例，出版界與翻譯界的這種互動，會對我國二十一世紀的翻譯有極其正面的效應。

最簡單的一點事實便可以證明，在沒有實施著作權法以前，許多搶譯的暢銷書，究竟銷了多少本，沒有一個統計，但而今卻一是一二是二。前些時，聯合報記者江中明訪問我，我說銷了四萬冊吧，他馬上更正我：「哪裡，四十一刷，八萬兩千冊了。」他的資訊比我還快，我聽了十分驚喜，因此和「九歌」蔡文甫兄說：「這書還有一次奧斯卡獎的高潮，再加上原著在美國，五十年前不但暢銷，而且長銷了好些年；看樣子在臺灣可能銷上十萬冊，到那時，希望九歌送我一方牌子，證明我所譯的這本書，銷售了十萬冊，我便可留作紀念了。」我這個靈感出自唱片界，出版界還未曾有過；其實，翻譯的書銷逾十萬冊的多的是，如彭歌兄在「純文學」出的

「人生光明面」與「改變歷史的書」，暢銷長銷何止十萬冊的幾倍，但我這個一輩子搞翻譯譯了七十六本書的人，這卻是畢生少有的愉快經驗，值得回味的了。

其次要感謝的便是讀者的不棄，這本書雖然因電影而大賣，但情景和結構與「鐵達尼號」大異其趣，華特勞德的生花妙筆，把沉船前後史實，記載得栩栩如生，三十年前所拍的黑白片，便依據此書，但並不叫座。這一次詹姆士柯麥隆執導的「鐵達尼號」，可說另起爐灶，自成一格。也許反而因爲這種不同，促成讀者的好奇心，電影要看，書也要買，造成了兩者共存共榮。

近世談書要暢銷，力主爲了逢迎讀者，非「色」（sex）不行。「鐵達尼號沉沒記」中，卻只依據確鑿的史實，根本沒有電影中傑克與蘿絲這一對兒的生死戀情，也沒有「冰點」與「愛情故事」中愛得死去活來的悱惻纏綿，更沒有「北港香爐」中坦蕩蕩赤裸裸的文字，卻能上臺港兩地的暢銷榜，這至少證明對「暢銷惟色論」是一種反駁，廣大讀者並不完全都患了世紀末的頹廢蕩佚症，竟有十萬以上的讀者，閱讀過這本可以放在客廳咖啡桌上一家人共覽的書。

第三便是託導演的福，「鐵達尼號」的電影，好萊塢早就拍攝過黑白片的「冰海沉船」，主角肯尼斯摩爾，也是那時的熠熠紅星，但書並沒有隨電影而暢銷。然而，詹姆士柯麥隆不怕世人「炒回鍋飯」的訕笑，堅決要以現代科技，新的手法來重拍這部電影，開支超出預算，投資的銀行縮手，而他寧可減薪也要完成。以直升機在高空與低空俯拍「鐵達尼號」，雖爲三十年前的「冰海沉船」所無，但在現代電影中並不稀奇；難的是他爲了拍攝沉在四千公尺深海底的「鐵達尼號」殘骸，親自搭乘深海探測艇下海，一共有十幾趟，每一次升上海面，四公里深要慢慢用上兩小時；而深海水壓極大，每平方公分近四噸，探測艇稍有差池，立刻壓爲齏粉，死於非命，這種冒險犯難求眞求實的精神，有幾部影片的導演能做到？

尤其，他以一對小兒女的純眞愛情，引導鏡頭游走於頭等艙到統艙，從富麗豪華的大餐間，到煤火熊熊機軸雷動的鍋爐艙，使讀者深深體會八十六年前這艘巨輪的全景，更引人深思，世界最堅固的幾萬噸鋼鐵，畢竟不如天算，人生的富貴榮華兩小時內轉眼成空，使人喟然深思省懷，促成了觀衆買書一探究竟的動機。

「鐵達尼號沉沒記」出版後，我寄了幾冊給大陸的朋友，投石問路，看看有沒有機會登陸。也許是春節期中，竟毫無反響，連專門爲臺灣作家介紹出版的北京常君實兄，他認識大陸出版界人士極多，也沒有回音，使我認爲這部電影不可能在大陸上演了。春節期間，我回大陸家鄉住了十六天，哪怕在大年初一那天，看了全球同步上演成龍的「我是誰」，也都聽不到有關「鐵達尼號」的訊息。

一直到二月下旬，翻譯界的朋友——浙江大學外文系教授宋兆霖兄與我聯絡，談及浙江文藝出版社想出我這本書，自是喜出望外，便委請他全權代表我處理這本書的出版。而且爲了適應大陸讀者，我還將「鐵達尼號沉沒記」內容中略加修改，比如說將民國紀元改爲公元，「公尺」改爲「米」等，又創譯了一個海事名詞「一副」納入書中。

兆霖兄告訴我，浙江文藝出版社想在三月份出書，以配合電影的上演。大陸電影界眞也沉得住氣，這部電影已經在全世界紅紅火火燒亮了半邊天，他們卻不慌不忙訂在四月十五日才上演，爲的是紀念鐵達尼號沉沒的第八十六週年。而且，電影片名也與臺灣有別，所以書名也跟著改爲「泰坦尼克號的沉沒」。

我治譯事所訂「名詞翻譯的原則」，第一條便是「依主不依客」，入於中國則中國之，大陸要用英文發音的「泰坦尼克」取代希臘文發音的「鐵達尼」，我十分坦然接受。不過，我告訴他們，譯文可以改動，但書中插圖則須另繪，以免侵犯九歌版的著作權。

過了三天，兆霖兄來了電話，開頭就問：「你認識內蒙古的甚麼人嗎？」

我聽了奇怪，想了想便說：「張賢亮在呼和浩特呀，不過根本沒有聯絡過，有什麼事嗎？」

他說道：「內蒙古人民出版社出了你的《鐵達尼號沉沒記》，一字不易，只加了《又名泰坦尼克號》，還加了八頁彩色電影照片，刪掉的是封底三行對你的介紹……」

我這才知道兆霖兄問我內蒙古有沒有熟人的原因了，便解釋說只授權浙江文藝出版社出版簡體字版，從沒有「一女兩嫁」。他們後來以電話詢問內蒙古人民出版社，才知道是冒名出版，版權頁還居然堂堂皇皇印著「各地新華書店經銷」，有國營書店經銷，更顯得它們是「正牌」了。

不幾天，這個海盜版寄到了，果然印得比九歌版還要帥，封面都用的是電影畫面，我不惱他們用「黃文范」，但那四頁銅版紙插圖中英對照那種青澀的譯文，卻列在書中我的名下，不啻要我在大陸十一億同胞面前出醜，十分令人惱火。最明顯的錯誤，譯文不但誤解原文，連單數複數都搞不清楚，「一把牌走運」（a very lucky hand of poker）譯爲「一雙幸運之手」；英文與中文內「船」（ship）與「艇」

（boat）都有別，這個本子偏偏譯成「又沒有足夠的船，船上一半的人將會死去。」（there are not enough boats. half the people on this ship are going to die.）

冒稱「內蒙古人民出版社」的這個版本可算搶佔了商機，先打入市場，我問兆霖兄能不能代我登個報，否認那是我授權的譯本，他認爲沒有用的，盜版不只在杭州銷啊，到全國各地登報嗎，恐怕連郵費都收不回來。

不料事隔三天，大陸又出了「作家出版社」的一個版本，負責人更向兆霖兄說得理直氣壯，他們已經得到了「九歌」授權，而且還「前金先付」，已付了百分之十的版稅云云；我向九歌蔡文甫兄求證，卻完全沒有這碼子事；更妙的是，「作家出版社」十分抬舉我，把譯者另「肇錫以佳名」，使我儼然追隨「中國社會主義改革開放和現代化建設總設計師」鄧小平之後，成了「黃小平」啦！我治譯四十五年，譯書行不改名，坐不改姓，以示向讀者負責，不料最近這一本譯著，卻被大陸出版家抬愛，連名字都另賞了我一個，譯者的著作人格權嗎？去一邊兒涼快涼快吧！

臺灣作家的作品，在大陸出版叢林內遭到盜版已是屢見不鮮的事兒了，大夥兒似乎都束手無策，無法追究，只有懷著阿Q的想法，認爲是人家看得起，在替自己作宣傳。事實上，誰能跑遍大陸各省市自治區去找盜版的出版商算帳呢？

正當舉世莫之能禦的「鐵達尼旋風」捲到了大陸，拙譯簡體字本竟然一氣化三清，本尊成了「泰坦尼克號的沉沒」，分身成了兩種「鐵達尼號沉沒記」，黃文范打黃文范，還加上一個黃小平，這一場激戰可眞熱鬧有得瞧的，會不會分身更多呢，誰也說不準；相形之下，我不得不承認，在著作權嚴刑峻法下的臺灣可愛多了—哪怕我只拿到了稿費；起碼，沒有人敢假我的名字翻譯，以及敢改我的名字出書。

——八十七年四月十五日「青副」

三、鐵達尼迷

拙譯「鐵達尼號沉沒記」（A Night to Remember），爲華德勞特（Walter Lord）所著，去年十一月，由臺北九歌出版社出版。發行以來，在轟動世界的電影「鐵達尼號」下沉強大吸力下，暢銷臺灣與香港兩地，成爲今年初的熱門書籍與話題。

一般人見此書附電影的驥尾而致千里，以爲是譯者僥倖逢迎世俗，隨波逐流的急就章。實則我對這一條沉船的經過與故事，關懷久久，多年以來，有關它的資料與訊息，都經蒐集珍藏，購自國外出版的專書便有好多冊，八十六年十一月以前，我敢稱是臺灣爲數不多的「鐵達尼迷」（Titanomania）之一。

既敢稱「迷」，便以對斯船斯難的「知」具有熱狂的興趣，知道這艘巨輪的來龍去脈：建造與航行，船上乘客與船員，以及遇難先後的經過，都有資料在握；而且還有要將這種資訊使國人了解的衝動，以「行」來印證「知」。

我最想翻譯有關那次海難的書，便是勞德近五十年前的這本「鐵達尼號沉沒記」了。只是譯書要得到出版家的贊同，卻不是一件容易事。他們一聽說是一件近百年前沉船的故事，便都以「沒有市場」回絕，不作考慮。我雖然不死心，但也碰了不少次的壁。直到七十一年秋，警政署民防組組長張鵬程先生─我們素不相識─他只看到我在「中華日報副刊」，寫了一段有關自己在美國陸軍防空學校求學的文字，便輾轉透過當時主編蔡文甫兄和我連繫，要聘我主編該署出版的「現代民防」月刊。這種以文論交，在功利是尙的現代社會中十分罕見。因此，我雖擔任過報紙副刊編輯工作，卻還沒有編過一份專業刊物。但「寫而優則編」是文藝界朋友都有的挑戰，加之有這份知遇感，便答應下來。

「現代民防」是民防專業刊物，有一定的範圍，但訂戶卻有兩三萬之多，在我之前，已經發行了一百期，也就是有了八年四個月的歷史。我接編後，認定編刊物，得要有人看，因此，版面中除學術理論、動態報導這兩部分外，希望以三分之一的篇幅作文藝版面，調劑調劑較爲嚴肅枯燥的文字。便在一〇二期開始，把「鐵達尼號沉沒記」譯載出來。

這倒不是以權濟私，只是覺得這麼一部好書，不應當埋沒無聞；加之，如果能譯完全書結集出版，對刊物本身也是一種支助，有訂費以外的銷書收入。

不過，這本書只譯載了六期，張鵬程社長便告訴我，市面已有過譯本，言外之意便是不宜刊載下去了。文學翻譯作品在報刊上中途打住，這並不是頭一遭兒。六十三年，我在「中副」上連載索忍尼辛的「古拉格群島」，從九月十三日起連載了一百零四天，到當年十二月二十五日，新主編王理璜上任，就立刻叫停。稍遠一點的例子，彭歌兄所譯尤瑞斯（Leon Uris）的暢銷名著「浩劫後」（QB VII），民國六十年在「中國時報」「人間」副刊連載，也在社長余紀忠的手示下掐斷。他們不論用的是龍頭鍘、虎頭鍘、或狗頭鍘，這幾個翻譯長篇小說，當時都被當權派以「腰斬」伺候則一致；然而，它們卻都在以後譯竟出版，成爲長銷的名著。以「鐵達尼號沉沒記」來說，十六年前沒有人要，猝遭中止，而今卻三十年風水輪流轉而大發大賣了。十足可以證明，好書猶善人也，有遇，也有不遇；更有八字，也信流年，一時的挫折算不得甚麼，只要能堅百忍以圖成，撐下去挺下去，總有時來運轉的一天。

我歷數出書的艱辛，旨在向讀者說明，「鐵」書暢賣，實際上是經過近二十年的醞釀與沉潛，才能像電視「水滸傳」的主題歌，「風風火火闖九州」。否則，急切間何能倖致？不必說翻譯來不及，四十多年前出的書要到甚麼地方找？

直到今年二月份，「鐵達尼號」在臺灣成了如火如荼的電影與話題，大陸卻靜悄悄毫無動靜，二月十日我自長沙回到臺北以前，還從未聽過放映這部影片的消息。

直到三月份，大陸報紙發表了總書記江澤民的一篇談話，把這部電影推薦給中共中央政治局的各委員，要他們去看看：

我們不要以爲資本主義就沒有思想交流的東西，最近要上演一部叫《鐵達尼號》的電影，過去叫《冰海沉船》，花了兩億五千萬元拍的這部電影，現在收入已經十億，這也是風險投資啊！這部片子把金錢與愛情的關係，貧與富的關係，在危難當中每一種人的表現，描繪得淋漓盡致。新中國建立以前，我在上海看了不少好萊塢的片子，好的片子有《亂世佳人》、《一曲難忘》、《魂斷藍橋》。這次我請政治局的同志也去看一看，不是說宣傳資本主義的東西，而是說我們要知己知彼，才能百戰百勝。切不可以爲我們才會做思想工作。

江澤民的這一番話，相當於李登輝主席在國民黨中常會上的發言，竟是鼓勵政治局大員去看一部美國電影，立刻轟然一聲點燃了「鐵達尼號熱」。儘管這部電影票價奇昂，爲一九四九年以來所得未曾有，北京高達人民幣一百六十元，其他都市也要三十元，各地門可羅雀的電影院「們」，立刻門庭若市起來，買票還要排隊。

連著帶動的，是有關「鐵達尼號」的各種行業，光碟片、光碟機、紀念品、錄音帶、唱片，當然，還有發行海報、畫報、說明書與書籍印刷業，這一把火看樣子會紅紅火火燒到今年秋後去，在臺灣藉此撈了一票的「侃爺」們，對大陸這塊現成的肥大餅，無不橫刀勒馬，躍躍欲試。

不過，要檢一個現成並不容易，第一，大陸把這艘輪船的名稱，改以英語發音的「泰坦尼克」，把中國近九十年來所沿用的「鐵達尼」完全顚覆，連總書記說的「鐵達尼」都算不得數，臺灣以「鐵達尼」爲名的一切一切，都得改頭換面才能打得進大陸市場。

第二，大陸市場開放中，個體、集體、合資各爭其勇，堂堂正正做生意的固然多，但冒牌造假作僞的樣樣都有，這一點在我所譯的「鐵達尼號沉沒記」，雖只授權浙江文藝出版社發行，便遭遇了這種情況，市場上竟一下子冒出來七種盜版，有些冒充國營出版社的名，有些根本就是國營出版社，卻都由國營的新華書店代銷，由於它們不必付版稅，售價可以低到四折五折，管你甚麼智財權著作權人格權，先趁熱搶喝這碗頭道湯再說。

其中最爲使人訝然的，便是「青海人民出版社」的版本，社址雖遠在西寧市同仁路十號，卻野心勃勃要爭這一塊「泰坦尼克號」出版大餅。

以封面來說，「青海版」擅用了九歌版（請李麗雯小姐所繪）的輪船波浪圖，一筆不差；內文分兩部分，第一部分爲電影故事，第二部分則是拙譯「鐵達尼號沉沒記」全文照登，不過把各章標題以及少數名詞加以更改，署名爲「王小平／著」。

以「電影故事」來說，使人幾疑在讀科幻小說。開頭便有兩名潛水員A與B，潛到海深四千公尺下的殘骸處，「進入『泰坦尼克號』……在客廳正面的壁爐旁，撬下了一個小小的保險箱。他們互相望著，樂喝喝地咧開大嘴……」

這一段把人看得口呆目瞪，電影裡有這麼兩個「金剛不壞之身」的潛水員撬保險櫃嗎？明明是深海探測艇遙控的機械臂啊，電影中有一句提到「（窺視窗）玻璃厚十一吋」，十一吋便是二十八公分，說明了殘骸處海水壓力極大，每平方公分達三．八噸，非如此厚抵抗不了水壓。在那一深度，「海龍」「海虎」潛水艦都會壓成扁扁的一團。這兩個潛水員是何等神人，穿了甚麼金鋼鐵甲潛水衣，竟能在海底四千公尺來去自如，這簡直是神話了。

「青海人民出版社」把這篇自撰五萬字的「電影故事」作正文，而將十二萬八千字的拙譯列爲「附錄」，企圖以改頭換面的方法，遮掩剽竊盜版侵權的行爲。

原書共十章，每一章都以書中的一句話作標題，「青海版」都加竄改，以前五章爲例：

	拙譯（浙江文藝出版社）版	青海人民出版社版
第一章	「又一次返航回貝爾法斯特。」	踏上泰坦尼克號
第二章	「夫人，聽說是一座冰山呢。」	遭遇冰山
第三章	「上帝自己都沉不了這條船。」	不沉的巨輪
第四章	「妳去吧，我還待一會兒。」	婦孺優先
第五章	「哈代，我認爲這條船完了。」	準備棄船逃生

如果「青海版」辯爲自原書另譯，它這些標題顯然對原文不忠實；如果是「王小平」所「著」，爲甚麼不多不少也是十章，節節句句字字都與拙譯符合？

只以「青海版」第一章前面兩段來看，便可以發覺「王小平」先生根本沒有看到原文，而只對拙譯的名詞望文生義地擅自更改：

第一段的瞭望員費力特（Frederick Fleet），「青海版」改成「菲力浦」。

第二段談狗，亨利哈潑得獎的北京狗「孫逸仙」（Henry Sleeper Harper...his prize Pekingese Sun Yat-sen），證明國父孫中山先生那年元旦就任中華民國臨時大總統，聞名世界，美國已有人命名愛犬。「青海版」卻寫成「北京犬『西圖珊』」。

拙譯的「五十對英國狐提」（50 pairs of English foxhounds），「青海版」寫成了「一對英國狐狸」（「內蒙古版」數字沒錯，但也搞成「狐狸」），不但數字錯，也證明王先生缺乏寵物飼養常識，居家飼養寵物中，上至虎豹，下至狗貓都有，但有誰在家中養滿身騷臭的狐狸？

一斑可以窺全豹，「青海人民出版社」似有剽竊拙譯的嫌疑，他們既然坦承出了這本書，現在雖搶到了市場，但「跑得了神，跑不了廟」，像拙文所指的這些以及許許多多未提的疑點，應該向廣大讀者，提出嚴肅認眞的解答。

四、鐵達尼號的假煙囪

在「鐵達尼號沈沒記」一書中，華特勞德考據綦嚴而運筆輕快，許許多地方看似尋常，卻自有深義在，像船撞冰山後停在海中這一段，寫得十分逼眞、生動；是一篇好散文：

甲板上根本看不到甚麼熱鬧，也看不到甚麼危險的跡象，大多數打聽消息的人，都是毫無目的走來走去，或者站在船欄邊，盯盯地看著那空虛的夜色，想找出點危險的線索。「鐵達尼號」靜靜地停在海中間，四根大煙囪中，有三根噴出蒸氣，發出一陣吼聲，震動了安靜的星夜。除此以外，一切都很正常，船尾的救生艇甲板上，有一對老年夫婦手牽手在散步，並不留意汽笛的吼聲和蕩來蕩去的乘客。

外面太冷了，而且也沒有甚麼可看的，大多數人又重回自己的艙房，有些人進入一號甲板華麗的休息室，碰到室內很多剛起床的乘客，因爲怕冷而沒有出去。

乘客混在一起，構成一幅希奇的景象，穿的衣服有浴袍、睡衣、皮衣和套頭毛衣，五花八門，無所不有。同室內的擺設大不相同——頭頂上巨大的玻璃圓頂、莊重的橡木壁板，精細捲鐵花紋的華麗欄干……俯視著這一切的是一具無比的大壁鐘，代表「榮譽」與「光榮」的兩位銅質女神，加冠在「時間」上。

讀者如果細心，「自不疑處有疑」，也許就會奇怪：爲甚麼「鐵達尼號」「四根大煙囪中，有三根噴出蒸氣，發出一陣吼聲，震動了安靜的星夜。」

這就是勞德下筆細心的所在，「鐵達尼號」的動力出自六個鍋爐艙，兩艙共用一根煙囪，換句話說，只用得著三根煙囪作排出煤煙、蒸氣、廢氣用。有一根煙囪根本就是額外的裝飾，不具備排煙的功能，完全金玉其外，虛有其表。

如果您對這種船體結構上想要了解，也有興趣想要知道這根假煙囪在甚麼位置，歡迎！「鐵達尼迷」又多增一位了。

這根假煙囪便是自船頭向船尾數過去的第四根。

五、天心示警的小說

歷史上的預言，沒有比預告「鐵達尼號的沉沒」更為準確，更為使人咋舌的了。華特勞德在「鐵」書的「前言」中，特別提到這件事：

一八九八年（清光緒二十四年），美國有一位努力不懈的作家毛根羅伯遜（Morgan Robertson），他寫了一部小說，寫的是行駛在大西洋上一艘空前豪華的定期客輪，船上載滿了洋洋得意的富豪，在一個四月份的寒冷夜晚，全船撞毀在一座冰山上。這本書設法顯示出一切事情都是徒勞無功，事實上，這本書當年由曼斯菲德（M. F. Mansfield）公司出版時，書名就是「徒勞無功」（Futility）。

羅伯遜寫這部小說時，「鐵達尼號」還根本沒有製造，可是大西洋彼岸的英國，卻鬼使神差地自主自動，要作這項悲劇預言中的主角：

十四年以後，英國一家「白星輪船公司」，造了一艘極像羅伯遜小說中的輪船，這艘新船排水量是六萬六千噸，而羅伯遜小說中的是七萬噸，這艘眞船長二百六十九公尺，小說中那艘是一百四十四公尺；這兩艘船都有三個推進器，速率可達每小時二十四節（浬）到二十五節（四十二到四十五公里）；兩艘船上都載有三千名乘客；而救生艇也都只能容納極少數人。可是，在當時救生艇少認爲無關宏旨，因爲這兩艘輪船都名爲「巨霸」，號稱「不沉」。

一九一二年四月十日，這艘眞輪船，從英國的南安普頓港發航，駛往紐約作處女航，船上貨艙中載有無價之寶——有莪默伽耶「魯拜集」的原稿，以及財產總值兩億五千萬美元的一批旅客，航行途中，船撞到了一座冰山，在四月的寒夜中沉沒。

羅伯遜小說中的那艘客輪命名爲「鐵達號」（Titan），「白星」輪船公司的這艘客輪，則命名爲「鐵達尼號」（Titanic）。

羅伯遜以文學的筆調寫「徒勞無功」，五十七年以後，華特勞德則以史學爲綱、文學爲目來寫「鐵達尼號沉沒記」，兩者風格迥異，下列爲「徒勞無功」首章的第一頁。

徒勞無功——「鐵達號」的殘骸

第一章

THE WRECK OF THE TITAN

CHAPTER I

SHE was the largest craft afloat and the greatest of the works of men. In her construction and maintenance were involved every science, profession, and trade known to civilization. On her bridge were officers, who, besides being the pick of the Royal Navy, had passed rigid examinations in all studies that pertained to the winds, tides, currents, and geography of the sea; they were not only seamen, but scientists. The same professional standard applied to the personnel of the engine-room, and the steward's department was equal to that of a first-class hotel.

Two brass bands, two orchestras, and a theatrical company entertained the passengers during waking hours; a corps of physicians attended to the temporal, and a corps of chaplains to the spiritual, welfare of all on board, while a well-drilled fire-company soothed the fears of nervous ones and added to the general entertainment by daily practice with their apparatus.

From her lofty bridge ran hidden telegraph lines to the bow, stern engine-room, crow's-nest on the foremast, and to all parts of the ship where work was done, each wire terminating in a marked dial with a movable indicator, containing in its scope every order and answer required in handling the massive hulk, either at the dock or at sea—which eliminated, to a great extent, the hoarse, nerve-racking shouts of officers and sailors.

這是一艘最大的船，人類最偉大的成就，在建造與運作上，涉及人類文明所知的每一種科學、專業、與商業。在駕駛台上的官員，不但自皇家海軍中甄選，而且還通過所有有關風力、浪湧、海潮、以及海文學科的嚴格考試；他們不僅僅只是海員，而且是科學家。在機房與客房中工作的員工，都有同一樣的標準，與第一流的大酒店相等。

在乘客未就寢的時間裡，有兩支管樂隊，兩個交響樂團和一個演劇隊以娛嘉賓；一批醫師照料病號，一批神職人員照料靈魂，一切福祉船上應有盡有；而一隊訓練有素的消防隊，每天每天舉行消防演練，除普遍的娛樂性質外，兼可撫慰一些心理緊張乘客的畏懼。

在船體巍巍高矗的駕駛台，運作通往船頭、船尾、機房、主桅瞭望斗、以及全船所有工作進行各部門隱匿的電話線路，線路終端有一具有記號的圓盤，盤上有活動的指示器，指示出操作這一艘龐然巨輪——不論在船塢或者在海上——所需要的每一道指令及答覆，大爲減消掉了官員與海員那種粗聲大氣、刺耳心煩的叱叫。

六、鐵達尼號上的中國人

談「鐵達尼號」的文獻，首先就遇到翻譯上的一個問題：

「A」怎麼譯？

這個問題眞是太淺近了，連國中生都可以回答得絲毫不差，異口同聲地說：「一呀！」

翻開任何一部英漢字典，從最古老的到最前衛的，在第一頁第一行「A」項下，都只有「一」「一個」的解釋。

然而，翻譯有時候「A」卻不能譯一。

以華特勞德的「鐵達尼號沉沒記」書名來說，原文本爲A Night to Remember，

A爲及物動詞後的不定冠詞，以及要把英文四個字兒，譯成中文也是四個字兒，文一點只能譯「記取斯夜」「毋忘此夜」或「謹記是夜」，A要譯英漢字典上所無的「斯」「此」或「是」，不能譯「一」；要譯的話，「一」上就得加一個「這」，成爲大白話的「記住這一夜」。

大陸有一個版本，化remember這個動詞爲形容詞，譯爲「刻骨銘心的夜晚」，文詞較爲雅達；不過「夜晚」在中文內並沒有加以特定時，「夜」與「晚」疊用，是一個具有複數含義的詞兒，用來譯A Night，還有點兒「隔」。如果遵照原文，倒是非「一」不可，須譯爲「刻骨銘心的一夜」，才能更爲傳達出勞德所要表達的觀念。

勞德在這本書中所作的準備工作，極爲周延，一般讀者往往無法察覺，比如爲書後所附的「旅客名單」（Passenger List），一般人會不感興趣，翻譯人不得不忍痛删去。但在對「鐵達尼」的研究上，卻十分重要。勞德在該船沉沒（一九一二）後近四十三年（一九五五）方始寫書，這份名單誠屬得來不易，一般「鐵學」書籍都不載；所以這本書能在當年得享大名，暢銷久久，不爲無因。勞德以此書聲譽鵲起，奠定了一生歷史文學家的盛譽。我對他著書時，對資料的查察與蒐集，讚爲「細針密縷」。

世人遊華府，一定到過「越戰紀念碑」，那堵暗色花岡石牆上，密密麻麻都是國殤官兵的名姓，是後人唏嘘憑弔的「垂淚碑」所在。勞德書後所附的「旅客名單」，也具有這種功能。

我們感到興趣的是，「鐵達尼號」沉沒時，有沒有中國乘客？一般文字中都從未談到過，便只有從查名單這種最基本的工作上來著手了。

一九一二年爲中華民國開國元年，那時清末民初，民生貧困，國勢衰弱，哪有今天這種舉國出外旅遊，可坐豪華巨輪逍遙海上直航紐約的能力。當時船位票價也高不可攀。

頭等豪華艙票價爲八百七十鎊，相當於現今五萬美元；頭等普通艙價只有三十鎊，約現在的一千七百二十四美元。這都是英美富豪如蘿絲家人的票價，非普通人如傑克小子所能問津，但二等艙只要十二鎊，統艙只要八鎊，約爲現在的六九〇美元和四六〇美元，而今算起來並不特貴，只是當時人工便宜，薪資低薄，工人月薪不過三四鎊，橫渡大西洋便不是小事一樁了。

在勞德書中的「旅客名單」中，頭等艙與二等艙中，根本沒有華人在內。因爲中國人名姓爲單音，那時候也不作興取甚麼「約翰」「瑪莉」的洋名，找起來並不難，唯有在統艙乘客中，可以確定的華人共達七名。

華人名姓，姓前名後；可是「白星輪船公司」登記旅客，一律以後面的名爲姓（last name），按照字母順序登記。這一來，同姓（或是可能是親人）反而分開不在一起了。中文的特色爲同音字多，因此本文譯名只能揣擬近之，他們清一色都是單名：

Bing, Lee　李平
Chit, Chang　張濟
Foo, Choong　鍾福
Hee, Ling　林希
Lam, Len　龍朗
Lang, Fang　方南
Ling, Lee　李麟

當時他們登記的名字，都列入「在南安普敦市登船的英國國民」（British subjects embarked at Southampton）項下，揣測他們可能都是香港華人，男性，在英國生活，爲了更好的發展，相約結夥（或獨自）橫渡大西洋到美國去，沒料到竟上了這艘豪華蓋世的死亡之船。不過萬幸中的大幸，七個人中只有李麟與龍朗死於

Ponesell, Mr. Martin
Portaluppi, Mr. Emilio
Pulbaun, Mr. Frank
Quick, Mrs. Jane
Quick, Miss Vera W.
Quick, Miss Phyllis
Reeves, Mr. David
Renouf, Mr. Peter H.
Renouf, Miss Lillie
Reynolds, Miss E.
Richard, Mr. Emile
Richards, Mrs. Emily
Richards, Master William
Richards, Master George
Ridsdale, Miss Lucy
Rogers, Mr. Harry
Rogers, Miss Selina
Rugg, Miss Emily
Sedgwick, Mr. C. F. W.
Sharp, Mr. Percival
Shelley, Mrs. Imanita
Silven, Miss Lyyli
Sincook, Miss Maude
Sinkkenen, Miss Anna
Sjostedt, Mr. Ernest A.
Slayter, Miss H. M.
Slemen, Mr. Richard J.
Smith, Mr. Augustus
Smith, Miss Marion
Sobey, Mr. Hayden
Stanton, Mr. S. Ward
Stokes, Mr. Phillip J.
Swane, Mr. George
Sweet, Mr. George
Toomey, Miss Ellen
Trant, Miss Jessie
Tronpiansky, Mr. Moses A.
Troutt, Miss E. Celia
Turpin, Mrs. Dorothy
Turpin, Mr. William J.
Veale, Mr. James
Walcroft, Miss Nellie
Ware, Mrs. Florence L.
Ware, Mr. John James
Ware, Mr. William J.
Watt, Miss Bertha
Watt, Mrs. Bessie
Webber, Miss Susie
Weisz, Mr. Leopold
Weisz, Mrs. Matilda
Wells, Mrs. Addie
Wells, Miss J.
Wells, Master Ralph
West, Mr. E. Arthur
West, Mrs. Ada
West, Miss Barbara
West, Miss Constance
Wheadon, Mr. Edward
Wheeler, Mr. Edwin
Wilhelms, Mr. Charles
Williams, Mr. C.
Wright, Miss Marion
Yrois, Miss H.

Third Class Passengers

British Subjects
embarked at Southampton

Abbott, Eugene
Abbott, Rosa
Abbott, Rossmore
Abbing, Anthony
Adams, J.
Aks, Filly
Aks, Leah
Alexander, William
Allen, William
Allum, Owen G.
Badman, Emily
Barton, David
Beavan, W. T.
Billiard, A. van
Billiard, James (child)
Billiard, Walter (child)
Bing, Lee
Bowen, David
Braund, Lewis
Braund, Owen
Brocklebank, William

Cann, Erenst
Carver, A.
Celotti, Francesco
Chip, Chang
Christmann, Emil
Cohen, Gurshon
Cook, Jacob
Corn, Harry
Coutts, Winnie
Coutts, William (child)
Coutts, Leslie (child)
Coxon, Daniel
Crease, Ernest James
Cribb, John Hatfield
Cribb, Alice
Dahl, Charles
Davies, Evan
Davies, Alfred
Davies, John
Davis, Joseph
Davison, Thomas H.
Davison, Mary
Dean, Mr. Bertram F.
Dean, Mrs. Hetty
Dean, Bertram (child)
Dean, Vera (infant)
Dennis, Samuel
Dennis, William
Derkings, Edward
Dowdell, Elizabeth
Drapkin, Jenie
Dugemin, Joseph
Elsbury, James
Emanuel, Ethel (child)
Everett, Thomas J.
Foo, Choong
Ford, Arthur
Ford, Margaret
Ford, Miss D. M.
Ford, Mr. E. W.
Ford, M. W. T. N.
Ford, Maggie (child)
Franklin, Charles
Garfirth, John
Gilinski, Leslie
Godwin, Frederick
Goldsmith, Frank J.
Goldsmith, Emily A.
Goldsmith, Frank J. W.
Goodwin, Augusta
Goodwin, Lillian A.
Goodwin, Charles E.
Goodwin, William F. (child)
Goodwin, Jessie (child)
Goodwin, Harold (child)
Goodwin, Sidney (child)
Green, George
Guest, Robert
Harknett, Alice
Harmer, Abraham
Hee, Ling
Howard, May
Hyman, Abraham
Johnston, A. G.
Johnston, Mrs.
Johnston, William (child)
Johnston, C. H. Miss (child)
Johnson, A. Mr.
Johnson, W. Mr.
Keefe, Arthur
Kelly, James
Lam, Ali
Lam, Len
Lang, Fang
Leonard, L. Mr.
Lester, James
Ling, Lee
Lithman, Simon
Lobb, Cordelia
Lobb, William A.
Lockyer, Edward
Lovell, John
MacKay, George W.
Maisner, Simon
McNamee, Eileen
McNamee, Neal
Meanwell, Marian O.
Meek, Annie L.
Meo, Alfonso
Miles, Frank
Moor, Beile
Moor, Meier
Moore, Leonard C.
Morley, William
Moutal, Rahamin
Murdlin, Joseph

非命，其他五人都得救生還。今天，在北美大陸，一定還有他們的後裔子孫，在口耳相傳，談他們祖父或者曾祖父在「鐵達尼號」上沉船獲救大難不死的故事吧！如果七人中的李姓兩人是兄弟的話，卻只有李平得救而李麟死難。

有文字說「鐵達尼號」上，有日本人得救。細察旅客名單，不論頭等艙、二等艙、或統艙乘客，都沒有日本乘客的姓名，除非已改爲西人名姓；更爲可能的，便是把得救的五個中國人，誤認爲日本人。

從「鐵學」的觀點來說，勞德的資料，還是有漏失處，尤其是船員名單闕如，船員中有沒有亞裔的中國人或日本人，就不得而知了。

「鐵達尼號沉沒記」中，開頭的第一章第二節，便提到與中國人有關的人名，便是：

「哈潑出版公司的亨利哈潑，帶了他那條得獎的北京狗『孫逸仙』。」（Henry Sleeper Harper, of the publishing family, and his prize Pekingese Sun yat-sen.），

白星輪船公司

豪華富麗帝王郵輪

奧林匹克號　45,324 噸

及

鐵達尼號　45,000 噸

均為全世界最大的航輪

（配有馬可尼無線電設備）

奧林匹克號定期行駛南安普敦、瑟堡、及紐約

鐵達尼號定一九一二年四月十日首度發航

由南安普敦、瑟堡、而至紐約

白星輪船公司

（利物浦、倫敦、南安普敦、紐約分公司）

White Star Line

PALATIAL ROYAL MAIL STEAMERS

"OLYMPIC," 45,324 tons

AND

"TITANIC" 45,000 tons,

are the Largest Vessels in the World

(Fitted with Marconi Wireless Apparatus.)

"OLYMPIC" sails from Southampton and Cherbourg to New York regularly.

"TITANIC" sails from Southampton and Cherbourg on first voyage to New York April 10, 1912

White Star Line

LIVERPOOL, LONDON, SOUTHAMPTON, NEW YORK

鐵達尼號開行航前，白星輪船公司登載的廣告

白星輪船公司

船名　鐵達尼號　　航期：一九一二年四月十日

船員表

	人數	
甲板部	1	船長
	7	船副
	2	船醫
	7	事務長及辦事員
	2	木匠
	1	水手長
	8	副水手長及舵工
	39	水手
	2	船窗清潔工
	2	餐廳服務員
	2	槍械員
共計	73	
輪機部	28	輪機員
	8	冷凍及電力輪機員
	289	輪機工
共計	325	
客船部	2	主任
	471	服務員及職員
	20	女服務員
	1	女領班
共計	494	
總計	892	

船長　Edw. J. Smith　史密士

鐵達尼號首航船員名單

Titanic: Triumph and Tragedy

WHITE STAR LINE.

Steamer "Titanic" Sailing 10th April 1912

CREW LIST.

	No.	
Deck Department.	1	Master
	7	Mates
	2	Surgeon
	7	Pursers or Clerks
	2	Carpenters
	1	Boatswains
	8	Boatwains' Mates and Quarter Masters
	39	Seamen, A.B.
	2	~~" Ordinary~~ Window Cleaners
	2	~~Boys~~ Mess Room Stewards
	2	Masters at Arms
Total...	73	
Engine Department.	28	Engineers, Ship
	8	" Refrigerator and Electrical
	289	Engine Room Crew
Total...	325	
Stewards' Department.	[illegible]	Chief Steward and Staff
	20	Stewardesses
	1	Matrons
Total...	494	
Grand Total...	892	

Edw. J. Smith Master

G & S 1002. (500-3-09).

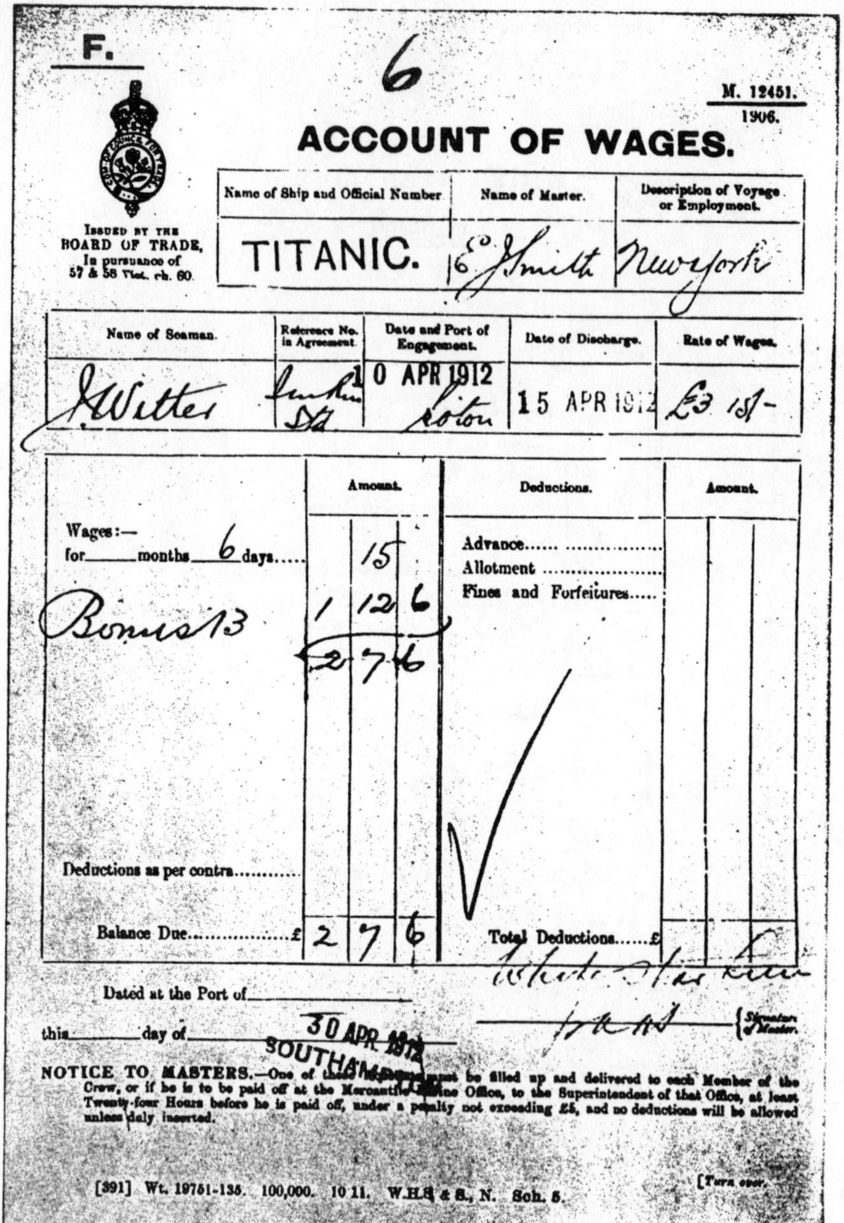

F.

6

M. 12451.
1906.

ACCOUNT OF WAGES.

ISSUED BY THE BOARD OF TRADE, In pursuance of 57 & 58 Vict. ch. 60.

Name of Ship and Official Number.	Name of Master.	Description of Voyage or Employment.
TITANIC.	E. J. Smith	New York

Name of Seaman.	Reference No. in Agreement.	Date and Port of Engagement.	Date of Discharge.	Rate of Wages.
J. Witter	Smoke Rm Std	10 APR 1912 S'oton	15 APR 1912	£3 15/-

	Amount.			Deductions.	Amount.		
Wages:— for ___ months 6 days.....		15		Advance......			
				Allotment			
				Fines and Forfeitures.....			
Bonus 13	1	12	6				
	2	7	6				
Deductions as per contra..........							
Balance Due.................£	2	7	6	Total Deductions......£			

Dated at the Port of ______ White Star Line

this ____ day of ______ 30 APR 1912 SOUTHAMPTON ______ {Signature of Master.

NOTICE TO MASTERS.—One of these Accounts must be filled up and delivered to each Member of the Crew, or if he is to be paid off at the Mercantile Marine Office, to the Superintendent of that Office, at least Twenty-four Hours before he is paid off, under a penalty not exceeding £5, and no deductions will be allowed unless duly inserted.

[391] Wt. 19751-135. 100,000. 10 11. W.H.S & S., N. Sch. 5. [Turn over.

「鐵達尼號」服務員威特的薪水單，註明海水淹沒船舵時，他的薪資就停止了。

西方人愛狗，以偉人名作狗名，是一種尊敬；但中國人則不然，認爲以人名狗，是一種侮辱。十五年前的威權時代，把這一句眞眞實實譯載在一份官方刊物上，無異乎自找麻煩。因此，當時我在七十二年十二月十五日出版的「現代民防」一〇二期上譯爲：

「哈潑出版公司的亨利哈潑，帶了他那條得獎的獅子狗『異仙』。」

這一句不但免提「孫逸仙」，連「北京」兩個字兒都免了，這種迻譯中的委屈求全，是一種爲作品所作的「求存之道」（how to survive），時過境遷，在八十六年冬出版這本書時，便坦坦蕩蕩一字不易來面對讀者了。

「鐵達尼號」沉沒時，這件轟動世界的大海難，在中國報紙上，只有瀋陽的「盛京時報」略有記載；天津的「大公報」根本缺席，了無隻字；上海只有「申報」，根據「字林西報」及外電，連續作了幾天的報導。

「申報」對船上的中國人，有一段記載：

「有華人六名，潛伏于救生艇底，直至諸艇昇至『卡配西亞號』後始經人尋出，內有二人，因搭客疊坐其上壓爛而斃。」

「申報」當時根據外電報導，說只有華人六名，大陸目前也沿用此說，但我所查證的統艙名單，確定應爲華人七名，名姓俱在；死者二人也有名字可稽，在對「鐵達尼號」的研究上，這應是確切的資料。

有趣的是，八十七年前，南北兩家報紙對這條船的譯名，也和今天的大陸與臺灣一般，或取希臘文的音「鐵達尼」，或取英文音的「泰坦尼克」。「申報」譯名爲「鐵台里克號」，而「盛京時報」則譯爲「泰大尼克號」，由此可以證明，音譯譯名隨著時代的變動不居。

書曆壬子三月初六日 ● 第三版

克一時不致即沉可待他船前來援救也

⊙鐵台里克號司無線電之副員言其總長爲菲列浦斯君自該船遇險後陸續發電直至海水浸入室內尚不停手船長語之曰爾已盡爾責任今可自救爾身矣而菲列浦斯君仍辦公一刻鐘之久既因室中浸水已滿乃與船同盡嗚呼如菲君之勇於盡職得非令人欽仰哉

⊙又據在水中救起之人云船長斯密司君辦事異常勇敢至死始已方傳令時其身已爲海水衝倒而該船長猶手執補聽器以傳命令旋尚兄其幫助水中之人使得脫生其餘船員水手亦多有法其所爲者

⊙該船搭客以愛斯托陸軍中佐及塔孚脫總統之副官白脫陸軍少佐兩人鎮靜勇敢交口稱讚兩人皆從事扶助婦女下艇高呼祝其平安愛斯托君並親扶其妙齡新婦入最後之救生艇而去

⊙鈕約米叶夫人極讚鐵台里克船上各人之勇敢其良人推之入艇後尚高呼囑其盡心撫養家中兒女夫人曰當下艇之際伉儷偎然而登卡配西亞號後成爲新寡婦者不下七十人

⊙此次富人遭難獨多而貧苦之婦孺則悉經救起其得救者在艇中死去一人登卡配西亞號後死去五人皆因受驚了寒所致嗚呼痛哉

⊙美國陸軍中佐葛來西與　里克號同沉於水旋於迷惘中似爲爆烈之聲推至海面旋轉之際搶得格子一具既而見一小艇在上飄浮即行躍入且極力拯救水中之人至三十人後以艇中已無隙地且艇已進水不得不阻餘人登艇於是水中諸人多瞑目就死且祝艇中獲救諸人曰好運氣好運氣願上帝賜福爾等也葛來西曰吾人終夜祈禱直至經卡配西亞號拯起而後止艇中諸人項背相對直立數小時之久不敢稍動蓋恐小艇重力不均因而傾覆也卡配西亞到時雖有人低語救船已到而吾人尚不敢回首一視云

⊙鐵台里克號遇難時之情狀傳說紛紜莫衷一是或謂尚爲鎮靜或謂秩序極亂內有數客因爭欲入艇幾將發狂戈登夫人最後入艇據稱船上之客有欲奔躍入艇內者爲船長以手鎗驅回轟倒數人秩序始復艇將離船尚有一人意圖躍入即遭擊斃墮屍艇中

⊙或謂有印人三名因爭奪救生艇爲船員擊斃惟倫敦搭客皮萊君及葛來西君皆謂船員并未開放手鎗

⊙有華人六名潛伏於救生艇底直至諸艇昇至卡配西亞號後始行人尋出內有二人因搭客疊坐其上壓爛而斃

⊙或謂船長及總機師均用手鎗自盡而白萊登君則言親見鐵台里克號沉時船長猶獨立船上旋爲海浪衝倒然仍立起未幾復來一浪遂被捲入海中隱沒不見

⊙據詳細調查鐵台里克號遇災實死一千五百九十五人誠海上巨劫也

京華短柬

▲外交部於十四日接奉大總統密函十餘件令即分致駐京各國公使內容甚密據聞係爲答覆各該公使函詢北京臨時統一政府完全成立之時期暨某黨現已解散不致妨礙治安等問題

民國元年四月二十二日，上海申報所載「鐵達尼號」沉沒經過。

七、鐵達尼號的最後晚餐

「鐵達尼號」是一艘四萬六千噸的巨型客輪，一九一二年四月十日從英國南安普敦港發航赴紐約，船上乘客與船員共兩千二百人，在六天的航程中，要消耗多少食品——以軍語來說：第一類補給品——這是一個深饒興趣的問題。

在發航前三天，所有食品都由火車運到碼頭，轉送到船上七號甲板容積龐大的冷凍艙及儲藏艙裡。「鐵達尼號」的食品艙單，已隨著它下沉喪失，但它的姊妹輪「奧林匹克號」的艙單，可以作爲參考依據。

在一趟越過大西洋的航程中，「鐵達尼號」載有：

鮮肉　三四、〇五〇公斤

鮮魚　五千公斤

鹹魚　一千八百公斤

燻肉及火腿　一一、三五〇公斤

雞蛋　四萬個

香腸　一千一百公斤

甜麵包　一千個

冰淇淋　一、六五五公升

咖啡　一千公斤

茶葉　三百六十公斤

米、豆等　四千五百公斤

糖　四千五百公斤

麵粉　兩百桶
穀物　四千五百公斤
柳橙　一百八十箱（三萬六千個）
檸檬　五十箱（一萬六千個）
溫室葡萄（時當四月，尚無鮮葡萄）　四百五十公斤
鮮奶　五、六七〇公升
鮮奶精　一、一三五公升
煉乳　二、二六八公升
鮮奶油　二、七二四公斤
葡萄柚　五十箱
芹菜　七千株
蕃茄　二、七五〇公斤

鮮蘆筍　八百捆
綠豌豆　一千公斤
洋葱　一、五八九公斤
馬鈴薯　四十噸
果醬　五百公斤

船上客人也少不了喝的、抽的：

啤酒及黑啤酒　兩萬瓶
葡萄酒　一千五百瓶
烈酒　八百五十瓶
礦泉水　一萬五千瓶

從這一張艙單上，可以發現八十七年前的輪船伙食，和現代並沒有多大差異，然而中國人開門七件事的「油」、「鹽」、「醬」、「醋」，卻一點兒都沒有提到。不過當時也還沒有「可口可樂」、「百事可樂」、「雪碧」這一類清涼飲料；食品類中消耗最大的一宗爲馬鈴薯，共達四十噸，足見是那一個時代中西方的主食，食米及麵粉製品都只是補助主食而已。

一九一二年四月十二日半夜，「鐵達尼號」觸冰山沉沒，船上乘客的「最後晚餐」究竟吃的是甚麼？頭等艙的菜單已不可得了，但二等艙乘客的晚餐菜單，還有一份流傳下來，這張菜單一種菜列一行，由前食、主食、尾食而至咖啡：

R.M.S. "TITANIC"

APRIL 14, 1912.

LUNCHEON.

CONSOMMÉ FERMIER   COCKIE LEEKIE

FILLETS OF BRILL

EGG À L'ARGENTEUIL

CHICKEN À LA MARYLAND

CORNED BEEF, VEGETABLES, DUMPLINGS

FROM THE GRILL.

GRILLED MUTTON CHOPS

MASHED, FRIED & BAKED JACKET POTATOES

CUSTARD PUDDING

APPLE MERINGUE   PASTRY

BUFFET.

SALMON MAYONNAISE   POTTED SHRIMPS

NORWEGIAN ANCHOVIES   SOUSED HERRINGS

PLAIN & SMOKED SARDINES

ROAST BEEF

ROUND OF SPICED BEEF

VEAL & HAM PIE

VIRGINIA & CUMBERLAND HAM

BOLOGNA SAUSAGE   BRAWN

GALANTINE OF CHICKEN

CORNED OX TONGUE

LETTUCE   BEETROOT   TOMATOES

CHEESE.

CHESHIRE, STILTON, GORGONZOLA, EDAM,
CAMEMBERT, ROQUEFORT, ST. IVEL.
CHEDDAR

Iced draught Munich Lager Beer 3d. & 6d. a Tankard.

白星輪船公司　鐵達尼號
一九一二年四月十四日

午餐菜單

鄉土清燉肉湯　　蔥餅

肉捲或菱評魚

阿根庭式炒蛋

馬里蘭州雞肉

醃牛肉　　時鮮蔬菜　　糕糰

燒　烤　類

烤羊排

薯泥　煎烤馬鈴薯

乳糕布丁

蘋果蛋白甜餅　　甜點心

自　助　類

美乃滋鮭魚　　斑節鮮蝦

挪威鯷魚　　鹹水鱈白魚

炭烤沙丁魚

烤牛肉

五香牛肉片

小牛肉及火腿餅

維吉尼亞及昆布蘭火腿

義式波隆那香腸　　野豬肉

去骨雞肉

醃牛舌

芹菜　甜菜　蕃茄

乾　酪　類

英國赤夏乾酪　英國斯提耳敦乾酪

英國艾登乾酪　　法國卡門白乾酪

英國洛奎福乾酪　　法國聖愛維耳乾酪

英國赤德乾酪

德國慕尼黑勒亞生啤酒，三分及六分一杯　兩種

TRIPLE SCREW STEAMER "TITANIC."

2ND CLASS

APRIL 14, 1912.

DINNER.

CONSOMMÉ TAPIOCA

BAKED HADDOCK, SHARP SAUCE

CURRIED CHICKEN & RICE

SPRING LAMB, MINT SAUCE

ROAST TURKEY, CRANBERRY SAUCE

GREEN PEAS PURÉE TURNIPS

BOILED RICE

BOILED & ROAST POTATOES

PLUM PUDDING

WINE JELLY COCOANUT SANDWICH

AMERICAN ICE CREAM

NUTS ASSORTED

FRESH FRUIT

CHEESE BISCUITS

COFFEE

白星輪船公司

三螺槳客輪　鐵達尼號

二　等　艙

一九一二年四月十四日

晚餐菜單

清燉木薯肉湯

煎鱈魚　辣香腸

咖哩雞飯

薄荷醬烤子羊肉

蔓越橘汁烤火雞

綠豌豆　　蕪菁濃湯

白飯

煮馬鈴薯　烤馬鈴薯

梅子布丁

葡萄酒凍　椰子三明治

美國冰淇淋

十錦乾果

時鮮水果

乾酪　　餅乾

咖啡

「白星輪船公司

三螺槳客輪　鐵達尼號

二等艙　一九一二年四月十四日

晚餐菜單

清燉木薯肉湯

煎鱈魚　辣香腸

咖哩雞飯

薄荷醬烤子羊肉

蔓越橘汁烤火雞

綠豌豆　蕪菁濃湯

白飯

煮馬鈴薯　烤馬鈴薯

梅子布丁
葡萄酒凍　椰子三明治
美國冰淇淋
十錦乾果
時鮮水果
乾酪　餅乾
咖啡」

從餐單菜肴上看，二等艙與頭等艙，差得很遠，二等艙客人吃的只有一種乾酪（起士）。別無選擇，而這一種食品在西歐卻是品類繁多，頭等艙當天中午午餐菜單上「乾酪」一項，便列了七種供客人選用：

英國赤夏乾酪
英國斯提耳敦乾酪
英國艾登乾酪
法國卡門乾酪
法國洛奎福乾酪
法國聖愛維耳乾酪
英國赤德乾酪

而且，頭等艙菜單上還有德國慕尼黑的名牌生啤酒供應，不過要另付款，三分（便士）一杯和六分一杯兩種。二等艙乘客的「最後晚餐」中，卻沒有酒，升天前所吃訣別人間的這一頓，便有肴無酒了。

八、沉船羅生門

「鐵達尼號」沉沒時，是全船整體下沉呢？還是斷成兩截沉沒？這一個問題聚訟七十四年之久，直到一九八五年方始眞相大白。

那次沉船後，兩位倖得生還的乘客，格勒西上校（Col. Archibald Gracie）和畢士禮（Lawrence Beesley），不久便著書出版。他們異口同聲說，全船整體沉沒。畢士禮說，他眼見全船沉了下去；而格勒西上校當時落進水下，覺得一定因爲前煙囪倒了下來，才造成了船體整個分家的幻覺。

可是，當時各報記者訪問時，生還人士都敘述船斷成了兩截；在英國舉行調查庭時，很多船員在證詞中都確證如此。

「喀爾巴阡山號」在四月十五日趕到，救起「鐵達尼號」救生艇上的人，船上一位史基莫（L. D. Skidmore）與當時年方十七歲多的傑克泰耶爾（Jack Thayer）談話，便把泰耶爾所說的情形，畫了六幅略圖，使人發生興趣的是，圖中說明，船斷成兩截而不是整體下沉，這也是一幅流傳極廣，爲時最早的素描。

可是，史學家並不理會船員的證詞與史基莫的略圖，而相信畢士禮與格勒西的報導。

此外也因爲，船員中得救生還的一名服務員亥南德（Leo James Hyland）用鉛筆畫了一幅「鐵達尼號」將沈前的情景，也是全船整然下陷。

一直到了一九八五年，在大西洋下四千公尺處發現了「鐵達尼號」的殘骸，船頭與船尾相隔六百公尺，才將把這一項爭執永久解決了。

鐵達尼號服務員亥南德以鉛筆繪出船沉的情況，這也是唯一由船員所畫的情景。

1

午夜十一點四十五分，
船頭右舷撞到了冰山。

2

凌晨零點五分，
船頭下沉，下令放救生艇。

3

凌晨一點四十分，
船身沉及前煙囪，船身在煙囪間裂開。

4

凌晨一點五十分，
船前端翹起，旋即下沉。

5

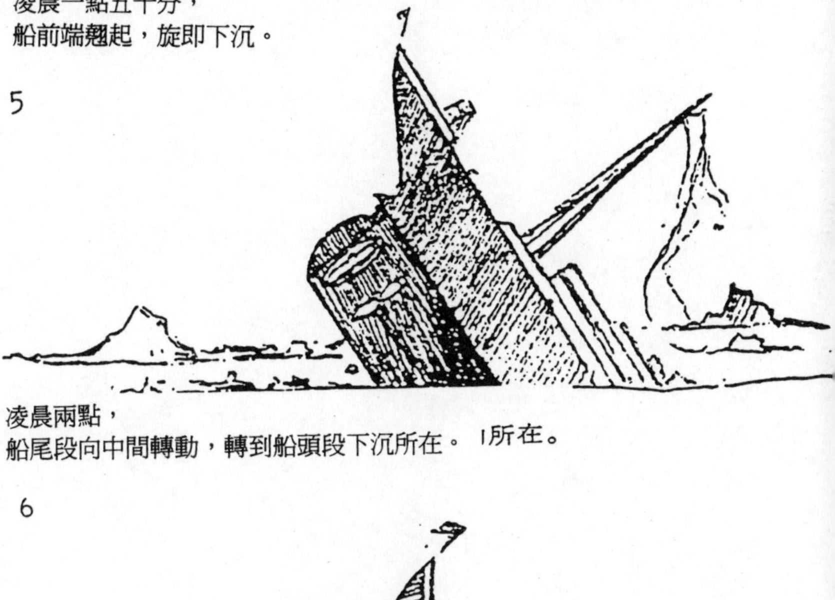

凌晨兩點，
船尾段向中間轉動，轉到船頭段下沉所在。 1所在。

6

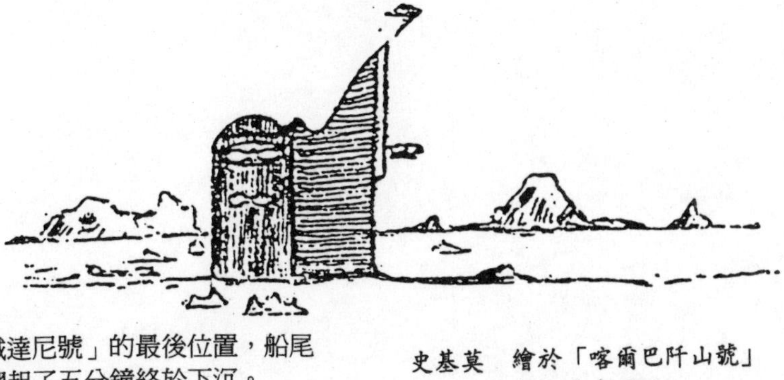

「鐵達尼號」的最後位置，船尾
段翹起了五分鐘終於下沉。

史基莫　繪於「喀爾巴阡山號」
一九一二年四月十五日

九、鐵達尼號上的狗

自古以來，狗是人類的好朋友，凡有人處便一定有狗，飄流荒島的魯賓遜如此，在「鐵達尼號」上更是如此。

「鐵達尼號沉沒記」一書中，華特勞德一開頭，除開敘述夜色外，立刻談到船上的狗，順便才提到狗主人。

這晚，是「鐵達尼號」處女航駛往紐約的第五夜，顯然，這條船不僅是世界上最大，而且也是最具魅力的輪船。甚至連旅客們的狗也是非同小可，奧斯多先生帶了他的猛犬凱蒂；哈潑出版公司的亨利哈潑，帶了他那條得獎的北京狗「孫逸仙」；費城銀行家丹尼爾，帶了一條剛從英國買的法國叭喇狗冠軍；華府的莫爾也買了狗，不過他爲了在羅賴獵區所買的五十對英國狐猩，卻沒趕上這一趟船期。

「鐵達尼迷」最感到有興趣的，是出版家亨利哈潑的那條小狗，不但是中國種的北京狗，而且還取了三個月以前——當年元旦在南京就任中華民國開國臨時大總統的名字——「孫逸仙」，一定會滿心歡喜，可又犯嘀咕，牠怎麼就上了這條船呢？

華特勞德比中國讀者更爲關心這條狗，書中寫狗的情況，就數以「孫逸仙」最爲齊全，一直寫到牠遇救後，還和哈潑先生接受主人辦的「哈潑雜誌」作獨家訪問呢，夠炫了吧！

在左舷的男人運氣就好得多了，一副孟杜齊只要艇上有空間，就繼續准許他們上艇。法國飛行家麥格和雕刻家謝飛爬進了七號救生艇，金貝爾公司兩名採購員上了五號救生艇。到放下三號救生艇時，哈潑不但上艇和太太一起，而且帶了他的北京狗，還有一個名叫哈薩的埃及傳譯，那是他在開羅有幾分開玩笑找到的人。

寫到哈潑為「喀爾巴阡山號」救起時，也沒忘了「孫逸仙」：

早上六點鐘，三號救生艇划到了，衣服穿得齊齊整整的史比東先生暨夫人爬上船來，緊跟在後面的是哈潑伉儷，譯員哈薩，和北京狗「孫逸仙」。哈潑先生一下子就發現阿格頓先生在甲板上，便以典型超然物外的語氣寒暄起來：「路易，你怎麼能保持這麼年輕的氣色呀？」

……………

到了下一期，這家雜誌把一次可能的難堪，變成了新聞上的大撈其錢：亨利哈潑帶著他的北京狗和私人埃及譯員完完整整亮相，「哈潑週刊」快樂地宣佈作了獨家訪問。

勞德書中，談到得救的另外一隻狗，卻就只有兩行多了：

「喀爾巴阡山號」的一位海員布里格接受訪問時，談到一隻漂亮的黑毛紐芬蘭狗「瑞格爾」，牠從下沉的「鐵達尼號」甲板上跳下來，護送一隻救生艇到「喀爾巴阡山號」，牠那高高興興的吠叫聲，向羅思壯船長表示牠來了。

他沒有寫這隻狗是乘客帶上救生艇的，而說牠「從下沉的『鐵達尼號』甲板上跳下來，護送一隻救生艇……」把這隻狗寫得十分健壯勇敢。

他筆下還帶過另外兩隻狗：

一位女士不肯離開她的大丹狗……

蘇密士看見一個女孩子帶著一條波美拉尼亞狗走過，便說道：「唔，我以為這小狗也該穿上一件救生衣。」

「要為狗穿救生衣」，這是勞德一句眞心的惋息話，船上眞有很多狗沒有救生衣，隨著船沉而溺斃。

「鐵達尼號」上有多少狗，數字並沒有統計，可是搭這條船赴紐約的畫家米勒（Frank D. Miller），在船泊昆斯鎭港時，寄信給朋友：

「船上古古怪怪的人多，有一票美國娘兒們，金玉其外，可十分討厭，她們在船上比起在任何地方，是一種更惡劣更猖獗的天災，很多都抱著小不點兒大的狗，帶著小綿羊一般的老公到處兜兜轉轉。」

米勒特一肚子悶氣隨了「鐵達尼號」沉下海底，他這封信卻流傳下來。眞的，船上的狗主人多得不得了，他們早就計畫好了，要在四月十五日（星期天）——船沉的後一天——舉行一次非正式的「愛犬秀」呢。

狗主人所帶上船的狗都是名種名門，高人一等。例如天主教神父哈利安徒遜（Harry Auderson）的中國狗，當時價值五十美元，以現在價值計，爲五百七十五美元；至於丹尼爾（Rovert W. Daniel）那條法國叭喇狗，名叫「比康貝的加猛」（Gamon de Pycombe），身價更高達七百五十美元，值現在的八千六百美元，合新台幣二十九萬元了。

「鐵達尼號」上最顯赫的乘客，百萬富翁約翰奧斯多上校夫婦，他們的猛犬是一隻艾爾谷獀狗，那隻棕毛黑斑粗毛大獵狗，卻取了個娘娘腔的名字「凱蒂（貓咪）」（Kitty）。「鐵達尼號」上有乾乾淨淨的新狗窩，有些乘客還認爲不夠看，海倫畢夏普太太那隻小不點兒大的愛犬「窸窣」（Frou Frou），就在她臥艙裡睡。

每天，都有船上工作人員牽了這些寵物在後甲板溜狗，使牠們都活動活動。可是「鐵達尼」大限臨頭，這些寵物也就隨著主人，沉進了冰寒刺骨的大西洋，而且，沒有救生衣。

「鐵達尼號」向下沉時，威廉斯先生正在冰水中掙扎，萬難相信竟面對著那隻法國叭喇狗「比康貝的加猛」，直到他被「喀爾巴阡山號」救起，遇到一位同船，這才知道那位好心人在救生艇都放下海以後，去了狗檻，把狗兒全放出來了。

狗兒雖然天生就會游泳，一身皮毛也比較厚，但在攝氏零下兩度的海水中，成人只能支持二十五分鐘至三十分鐘，狗兒充其量能多支持半小時。

因此，「鐵達尼號」上那麼多的狗，紀錄上得救的狗兒只有三隻：

三號救生艇上，哈潑家的北京狗「孫逸仙」。七號救生艇上，紐約籍瑪格麗特海斯小姐，帶了她那隻波美拉尼亞小狗。

這兩隻狗都能上艇，便由於艇上載人不多，（三號艇可搭四十人，只載了三十二人；七號艇可容六十五人，實際只裝了二十八人。）無人提出抗議所致。

第三隻便是「護航」救生艇而到「喀爾巴阡山號」上，那隻漂亮的黑毛紐芬蘭狗「瑞格爾」（Rigel）了。

史密士船長的狗▼

十、千古艱難惟一死

古今中外，許許多多行業都是「家族企業」，它們經營的訣竅與營業的要領，都「克紹箕裘」，保持著父傳子，子傳孫，甚至嚴格得到了「傳媳不傳女」，以求維持本戶生意的「獨佔」，在競爭上處於不敗之地。

「鐵達尼號」的故事也是如此，船東雖是「白星輪船公司」（The White Star Line），大老闆卻是伊斯麥這一家。一八六七年（清光緒十三年）老伊斯麥（Thomas Henry Ismay）血氣方剛人才三十一歲時，便以三千鎊代價把專營澳洲航運而破產的「白星輪船公司」這塊招牌頂了下來，專營北大西洋的客運航線。

一八九一年，老伊斯麥兩個兒子，老大布魯斯伊斯麥和老二詹姆士伊斯麥，都加入公司工作，老伊後繼有人，便在一八九二年退休。兩小伊掌權以後，他們便作了決定，以後公司的客運船，不求航速快，而求設計上的出色與舒適。

一九〇四年二月，布魯斯伊斯麥以四十一歲之身，出任「國際商業海運公司」（International Meroantile Marine）的總經理，具有無限的權力。這家公司在一九〇二年，便透過股市，以一千萬鎊買下了「白星」，布魯斯伊斯麥本是「白星」總經理，反而從此更上層樓，風光之至。

「白星」決定建造三艘同型超級客輪，命名為「奧林匹克號」「鐵達尼號」與「不列顛尼號」。一九一二年四月，第二艘「鐵達尼號」作處女航，布魯斯伊斯麥興興頭頭上船，他不止是貴賓VIP，而且還是大老闆。

「鐵達尼號」撞到冰山時，華特勞德便提到「白星輪船公司總經理伊斯麥也在船上」，前前後後對他的落墨極多，超過全書中的任何人：

撞到冰山時，有一種不快的刺破聲音……就像有甚麼人在撕一匹長而又長的印花布。對「白星」輪船公司的總經理伊斯麥來說，這一下震動非同小可，他正以慶祝的心情乘「鐵達尼號」作處女航，他在二號甲板的特等套艙裡遭震醒——他覺得船一定是碰上了東西，至於是甚麼東西可又說不上了。他便起床到駕駛台上去，他在睡衣上套上一套衣服，穿上軟毛拖鞋，爬上駕駛台來，看看發生了甚麼足以要讓公司總經理曉得的事情。史密士船長馬上道出了撞及冰水的消息，伊斯麥便問道：「你認爲船損害嚴重嗎？」史密士停了一下，慢慢回答道：「我想恐怕很嚴重！」

在放救生艇時，伊斯麥便以「太上船長」的身份來指揮：

左舷進行的工作較要快一些，但是還達不到伊斯麥總經理要求那樣的快，他急匆匆來去，敦促船員趕快：「我們沒有多少時間可耽誤了！」他向在五號救生艇工作的三副皮特曼催促。皮特曼聳聳肩，沒有甩他——他不認識伊斯麥，也沒有時間同這位穿軟拖鞋、大模大樣的人打交道。伊斯麥告訴他讓婦女上救生艇，這一下皮特曼可受夠了，他宣佈說：「我只等船長的命令！」

突然他明白過來這位陌生人是何許人，要甲板工作稍緩，把這分預感告訴史密士船長，問他是不是要遵照伊斯麥的話去做，史密士答得很乾脆：「照辦！」皮特曼回到五號救生艇邊跳了進去喊道：「快上來，各位女士！」

終於第三號可摺小艇也準備放下海去。史密士船長聽見舵手羅威還在信號燈上拍摩斯信號，便吩咐他負責這條小艇，羅威跳進艇裡，準備放艇下去。伊斯麥總經理就站在旁邊，協助準備放艇，比起剛才羅伊叱叫他出來時，這時要鎮定得多了。事實上，他的一舉一動，已經是「鐵達尼號」船員所接受的一分子了。

勞德對伊斯泰落墨處，文字中皮裡陽秋：

這是伊斯麥經常的角色，但卻一點兒也不是他唯一的一次，有時候，他喜歡乘客的角色。在這次航程中，到目前爲止，他已經來來回回變換了好幾次了。在昆士鎮，他幾乎是「太上船長」，吩咐輪機長貝爾，在航程中的許多階段，他要什麼航速。他也決定航抵紐約的時間是星期三（一九一二年四月十七日——譯註），而不是星期二，這些事兒他連史密士船長都沒有商量過。（電影中卻是他告訴史密士船長，而且點醒史密士，「你明年就要退休了。」言下之意，你最好聽我的。）

到後來，在海上行程中，伊斯麥大部分時間是一名乘客，享受法國餐廳的佳餚……甲板上的遊戲……與橋牌……頭等艙甲板右舷的甲板椅上，喝茶吃小麵包。

在這個星期天，他更是船員中的一分子，看得到另外一艘船拍發來的冰山電報。正當服務生通告中餐時，他在陽光明亮的「棕櫚場」裡，史密士船長把「波羅的海號」拍來的電報交給他。在那天下午，伊斯麥（他喜歡提醒別人，自己是何許人也）把這份電報在口袋裡抽出來，在瑞遜太太和泰耶爾太太前面晃一晃。晚餐前在吸菸室裡，琥珀色的艙窗上依然透過來暮色時，史密士船長找人來，把這份電報要回去了。然後伊斯麥走到餐廳，穿著整整齊齊的宴會上裝，十十足足的頭等艙客人一位。

撞到冰山以後，他又變成船員一分子了——和船長在駕駛台上……與輪機長貝爾商討……而這時，儘管五副羅伊說話帶刺兒，還是對各救生艇吼吼叫叫下指示。

勞德寫下一段五副羅伊痛罵伊斯麥的文字，十分痛快，可以浮三火白：

五號救生艇軋軋地向下降落，伊斯麥站在旁邊，一隻手抓住吊柱，一隻手揮著大圓圈，單調地喊著：「放低，划走！放低，划走！划走！」

「如果你不擋在這裡鬼搞鬼搞，」五副羅伊冒火了，他正在吊柱上工作：「我還可以做點事情！你要我把小艇放得快點麼？你這麼一來我會弄得他們統通淹死！」

伊斯麥滿面羞慚，一句話也沒有說，轉身就到前面第三號救生艇那邊去。船員中的老資格氣得都喘不過來了，他們覺得羅伊的痛罵是這天晚上最驚人的大事，一位五副敢侮辱公司總經理，絕不會太平無事的，只要他們一到紐約，必定有算帳的一天。

幾乎每一個人都還預計著抵達紐約，大不了，他們會轉到別的船上去。

一到最後關頭，伊斯麥忽地又以「太上船長」變成爲逃生的「婦孺」，利用船員懾於他的權勢，自己竟上了救生艇。

然後來了一次轉變，就在最後的一剎那，他忽地裡爬進三號小艇裡，隨著小艇放下海去，艇上載了四十二個人，連同伊斯麥這位——又是乘客身分了——在內。

後來在遇救一章中，勞德對伊斯麥作了全始全終的交代：

大約在六點三十分光景，伊斯麥踉踉蹌蹌上了船，口中咕咕噥噥：「我是伊斯麥……我是伊斯麥。」他一身發抖，站在舷門附近，背靠著隔艙，船醫麥吉大夫輕輕挨近他，問道：「您要不要進大餐間，來點兒湯或者別的甚麼喝喝嗎？」

「不要，我眞格兒的根本不要任何東西。」

「去吃點兒甚麼吧。」

「如果你讓我一個人在這裡，我就快樂得多了。」然後伊斯麥又改變了主意：「如果你能把我送進一間房間，我可以安安靜靜的所在，巴不得你這麼辦。」

「請您，」船醫輕輕說話，還是堅持：「到大餐間去吃點熱食吧。」

「我寧可不吃。」

麥吉大夫只有罷手，便客客氣氣領著伊斯麥到他的房艙裡去。伊斯麥一身發抖地坐在船醫艙內，打上滿滿一針鎮定劑。在以後的航程中，伊斯麥根本足不出艙，沒有吃任何固體的東西，根本不接受訪客（只除開小泰耶爾，一次），在麻醉劑的影響下，他一直保持到底，而這也就是他從活躍生活中自行放逐的伊始。一年內，他就從「白星輪船公司」退休，在愛爾蘭西海岸買了一大片地，就眞正隱居在那裡，一直到一九三七年逝世。

然而，華特勞德所沒有提到的，便是伊斯麥從一九一二年到一九三七年這二十六年中，所受到的精神折磨。

「鐵達尼號」遇難時，他以總經理之身，在船上頤指氣使，儼然「太上船長」，按照舉世海軍以及航運成文與不成文的規定，發生海難時，只有船長方可下令「棄船！」他必須待所有官兵或船員離船以後方可離開。這一點，在華特勞德另一本書「難以置信的勝利」中，敘及美國航空母艦「約克鎮號」遭日軍魚雷擊沉棄船，便有這麼一段：

似乎每一個人都下了航艦，布克麥艦長才兩手緊抓纜索，慢慢下來。就在這最後一分鐘，狄南尼少校和一名輪機人員剛從艙底作最後檢查上來，同時離艦。布克麥艦長眼見自己最後離艦的特權沒有了，好不懊喪，恨不得再緣著纜索上去再摸一下「約克鎮號」。

可是，伊斯麥違背公司經營宗旨，只求舒適而不求快速的主張，指揮史密士船長，在前有冰山的警告下，加快航速到紐約，以便大出風頭，爭取報紙頭條消息；以及胡亂指使船員，自以為是「主子」；然而，一到生死關頭，他卻苟且逃生，居然在船員的面前溜走。

如果伊斯麥以乘客身分搭船，他是男性，年方四十九歲，當然不是優先上救生艇的「婦孺」，他卻利用職務勢力，竟自坐上救生艇，勞德筆下諷刺他：

有些人並沒有張望，在三號可摺小艇裡，伊斯麥總經理低低俯身在槳上——他受不了眼見這條船沉沒。

是甚麼承受不了，當然不是財富的損失，而是良心的責備，在西方「騎士」文化的遺風中，他自知身為名人，卻利用權勢先婦孺而逃難，會成為他爾後一生中難以承受的沉重。

以後的四分之一個世紀裡，他備受世人的譏嘲與諷刺，從這兩幅漫畫中便看得出來。他以億萬家財的富豪名人，只因這次船難，事業崩裂，親友棄離，倫敦、巴黎、紐約高級社交界裡，更不會有他的現身處，只有悄悄兒自我放逐，隱身在偏僻的西愛爾蘭，面對冰冷洶湧的大西洋，終其一生鬱鬱以終。

在中國對這種臨難苟免而偷生的人，卻不無同情；

千古艱難唯一死，
傷心豈獨息夫人。
伊斯麥何能例外？

死亡
奧斯托
哈瑞斯
哥根漢
偉德納
史特德
米勒特
海伊斯
史密士船長
生還
伊斯麥

臨難苟免　千苦艱難惟一死

十一、華特勞德與我

一

一般來說，作者與譯人如果彼此熟識，便可以在迻譯過程中作充分的溝通，使譯文與原文形神俱肖，合而爲一，成爲翻譯史上的美談。日本小說家川端康成（Yasunari Kawabata）能獲得一九六八年的諾貝爾文學獎，全靠了一位對日本文學入迷的翻譯家美國愛德華沙登斯狄克（Edward Seidensticker）教授，他譯過三島由紀夫、谷崎潤一郎、井上靖、和雄家扶的小說，一九六七年還譯成了《源氏物語》，以他對日本古典文學與現代文學的欣賞與愛好，翻譯與他當代的川端康成作品，自是遊刃有餘，雙方又可以水乳交融，協力無間，譯得精彩，自是意料之中了。

但是，能有這種機緣的作譯雙合，事實上少之又少，往往當代作品的翻譯，譯人大多不識作者，下筆時遇有疑問，也無從向作者請益，儘管紙面上近在咫尺，實際卻天各一方，彼此無緣通音訊。

我在一生治譯過程中，卻和華德勞德（Walter Lord）特別有這種紙上緣，我並不認識他，也從未刻意找他的書來看，但他所抉擇的題材與文筆，卻無意中深深使我撼動而受到吸引，便有一種衝動要把他的作品譯出來。

二

我譯他所寫的一本文學化歷史，就有過這麼一段難以忘懷的經過。

民國五十六年秋天，我在臺南市買到了華特勞德所著的《中途島之戰：難以置信的勝利》（Incredible Victory-The Battle of Midway），讀過以後，深深爲它生動、細密的筆調所吸引，便有心加以翻譯；可是卻遭遇了最大的困難——把書中英譯的日本人名、地點、和艦名再譯回漢字。我翻遍了字典、參考書、和類書，請教過老師和朋友，謝謝內兄傅琦經過東京時，還特地爲我購得牧島貞一的《中途島海戰》，但是仍然有一部份譯名不能確定。

譯史——尤其是譯日本的人地名，「信」最重要，既然無法完全譯出，幾次都擬擱筆，但本書引人入勝，又實在割捨不下，只有盡其在我，把一切疑難譯名做成卡片。然後，就像書中的美國特遣艦隊般「等待！只有等待！」

感謝我在臺南亞洲航空公司技術出版組時的同事——目前遠在夏威夷（現寓加拿大）的張凱玲，她是位虔誠的基督徒，希望我能「得救」，不只一次要我在公餘去教堂聽道。五十七年七月上旬，她又勸我去聽一位日本傳教士在臺南市的佈道，她提到這位長老會牧師的姓名，使我霍然振奮，眞想不到居然有這種難得的機會，他就是近史代上赫赫有名的淵田美津雄。

五十五年春，我在「拾穗」雜誌上譯「老虎！老虎！老虎！」時，就已經知道他是轟炸珍珠港日檢機群的總領隊；他參加中途島作戰中，先生過病又受過傷；戰後他和奧宮正武氏合著的《中途島》，是日本史學界關於這方面的權威作品。然則我所遭遇的譯名困擾，終於遇到指引的專家了。

七月十三日那個炎熱的夜晚，在臺南市合作大樓前一條小街的教堂中，我擠在滿坑滿谷的聽衆間，聽淵田佈道，他那嘶啞尖銳的聲調，由別人改譯成閩南話；我仔細端詳臺上的淵田，清癯的面孔，稀疏的頭髮，額頭上的皺紋，已不見當年叱咤風雲千機排空的氣勢，眞使人喟然「美人自古如名將，不許人間見白頭。」唯有他那挺直的鼻樑，金邊眼鏡下的光芒，依稀閃耀著一絲昔日的英氣。

佈道完了，我夾在擁擠的人潮中向他致意，提出我的請求。淵田聽完傳譯，似乎沒有料到在這一處小教堂裏，居然還有人對二十六年前那場血戰發生興趣，略略有點驚訝；但馬上就領首答應，抽出鋼筆便仔細地在我遞去的稿紙上譯起來。

他的誠摯與熱情使我非常感動，也深懷歉意，因爲在嘈雜、悶熱、燈光昏暗的教堂中，尤其是經過長長的講道以後，實在不宜於再麻煩他；因此，我說這並不急要，淵田先生可以在有空時再譯好寄給我，他欣然同意，但卻說要在明晚佈道後交給我。

第二天晚上，我在南門路教堂裏，得到他交給我的譯稿，所有名詞都用他強勁的筆跡一一譯妥，一切問題迎刃而解，眞使我喜不自勝，但也感喟萬千。因爲：在中途島作戰時，原來計畫由他領隊攻擊，誰知發航以後，他因罹盲腸炎開刀，而改由資淺的友永丈市大尉領隊。友永在攻擊完了拍電報說：「中途島有再加攻擊之必要！」南雲司令因此下令改裝武器，以致耽誤機群起飛，猝遭美機掩襲，四艘航空母艦悉遭炸沉，因而一敗塗地。日本在太平洋的霸業，從此再衰三竭，一蹶不振，終致敗戰投降。如果當時領隊仍由作戰經驗豐富的淵田擔任，很可能不會發出這個電報，那歷史也就可能改寫；然而，他也可能如友永般一去不復還；也不可能在戰後歸主，來臺佈道，爲一位素昧平生的中國人校譯美國人所寫的日本人名了。

列出的人名，泰半是淵田當年的長官、同僚、或部屬。但是令人感傷的是，三十年「浪淘盡千古風流人物」，他譯的極少數人名，參照他書後也還要加以校正。比如：「北方部隊」司令細萱戊子郎中將，淵田寫成「細谷」；山本大將的勤務班長近江兵治郎寫爲「小見平次郎」，使人覺得翻譯日本人姓名眞不容易，正如我們譯國人姓氏一樣，Mr. Chu很可能有朱、竺、祝、諸、居各姓的錯譯吧。總之，本書得以完成，要謝謝遠在日本奈良縣橿原市的淵田美津雄牧師。

由於我要譯勞德的「中途島之役」，竟機運湊巧，認識了日本一位創造歷史的空中英雄——日本海軍轟炸珍珠港，三百五十三架機群的總領隊淵田美津雄中佐，得到他的親筆協助，使那本書得以出版，迄今仍銷售不衰，可算得是我治譯生涯中由華特勞德所促成的一次奇遇，一次福緣。

「中途島之役」一書中，對作者作了簡單的介紹：

華特勞德一九三九年畢業於普林斯敦大學；一九四六年，在耶魯大學法律研究所畢業，二次大戰中，在「戰略勤務署」服務。

爲了研究歷史上這一次生死存亡攸關而極不尋常的戰役，他往返於東京、華府、夏威夷及中途島，旅經四萬八千公里，接觸了身與斯役的四百多名人士，以取得第一手的事實資料。

本書爲凝鍊及專心致志的結晶，遠超過勞德以前的幾本作品：

鐵達尼號沉沒記（A Night to Remember）

珍珠港（Day of Infamy）

永垂不朽（The Past Would Not Die）

大好年頭（The Good Years）

巍然的時代（A Time to Stand）

三

這段介紹最引起我興趣的一本書，便是勞德初試啼聲、一炮而紅的暢銷書《A Night to Remember》，一般人從書名上看不出是甚麼內容，我卻十分清楚，喜不自勝，因爲手頭便蒐藏得有，知道是他記述近五十年前一次大海難而寫的書。

有過譯「中途島之役」的經驗，我十分欣賞勞德對資料所下細密的工夫，還有流暢而不偏頗的筆力，甚至我可以猜得到他喜歡用的字，例如，他在「鐵達尼號沉沒記」扉頁及作者的介紹中，兩度出現「難以置信」（incredible）這個字，出過書的人都知道，通常這兩處所在，都由作者自撰，使我恍然他在後來寫「中途島之役」時，書名何以要用「難以置信的勝利」，這個字兒在他的內心醞釀已久了。

在封面底的照片下，他作了初寫此書的「自贊」：

華特勞德十歲時，就說動了家人到「奧林匹克號」去，那是「鐵達尼號」的姊妹輪，所以他可以對沉沒了的那艘大船領悟得更多一點。自此以後的二十八年中，他鍥而不舍專心致志從事這項研究。他一直追蹤這次海難中許許多多得生還的乘客、援救人員、海難死者的親人、輪船官員、以及其他與這件大事有密切關聯的人士，與他們會晤、通訊。也在倫敦與華府兩地調閱過，官方當時調查庭數以千頁計的證詞、造船藍圖、製作規格、貨物船單。迄今爲止，他可能比任何那次生還人士，對一九一二年四月十四日難以置信的那一晚，以及對「鐵達尼號」知道得更多的人。他鉅細靡遺地把當夜諸多事實拼湊在一起，以高超的文筆與自制，使這一段經過昭諸於世。

華特勞德寫此書時攝

他然後又將這一本書的內容，以「畫龍點睛」的方式點出來，引起讀者的閱讀興趣。

一九一二年四月十四日半夜十一點四十分，「不沉」的「鐵達尼號」巨輪，撞及了一座冰山開始下沉。到四月十五日早晨八點五十分，一切全完了。「鐵達尼號」在處女航中沉沒，最後只有七百零五人死裡逃生，從冰凍的海上救起，在這段九小時時間中，兩千二百零七人一起面臨了生命中的無上危機。

作者在本書中，就這難以置信的九小時裡，把一分鐘復一分鐘，諸多瑣瑣碎碎的事實都重行建造出來。

讀者會在本書中，聽見乘客與船員，親近他們，認識他們——百萬富豪，受封的貴族、移民、船員、與水手，就會知道他們的穿著、語言、和感受。

您會坐在船上的「吸菸室」裡，聽到了隱隱約約的碾壓磨擦聲；會毫無止息地在甲板上大惑不解走來走去，因爲船機已停下來了；稍後，您會站在同一處甲板上，在黑暗中眼睜睜望著救生艇一艘又一艘放下駛開；最後，在船上燈光轉爲紅色時，會聽見樂隊還在演奏「秋天」一曲，萬難相信你可能會遇到這碼子事。

您會由人運到「喀爾巴阡山號」的駕駛台上，這艘船正穿越危險的冰塊群，駛往海難的現場；您也會站在十八公里外的「加州號」上，「鐵達尼號」沉沒時，卻在等待、奇怪這是怎麼回事。

研究能使這艘巨輪重生，作者的妙筆生花，使它能再度作處女航，本書向您展示在「一夕難忘」中，是甚麼構成了這令人屏息的九小時。

臺灣的作家，在大陸大受歡迎的很多，作品由大陸出版機構發行簡體字版，大多訂有嚴謹的合約——規規矩矩結算版稅。其中遠較臺灣進步的一項，便是規定出版社使用的年限，屆滿則作家有權再作處理，這一段期間通常為五年到十年不等。但臺灣的合約，則無異是作家的賣身契，不論賣斷付稿費或付版稅，都沒有年限，作品的一生永久都爲出版社所佔有，即令書已絕版了，或者出版社不復存在，還可以把合約轉讓，完全無視著作人的存在。

然而，利之所在，也難免有人偷偷盜印牟利，版權頁上堂堂皇皇，實際上都是空頭、造假，根本沒有這個出版社、這種期刊存在，臺灣的著作人啞巴吃黃蓮，根本連投訴都沒有管道可伸。

在我所譯過的七十六種作品中，惟有《鐵達尼號沉沒記》適逢其會，受到青睞，與浙江文藝出版社訂約發行，華特勞德的作品，終於在十一億大衆前亮相了。然而，盜版本也如雨後春筍，紛紛冒出市場，排擠「正版」的銷路。

勞德的另一本書，也是由我譯出的「難以置信的勝利——中途島之役」，我並沒有向大陸任何出版社推銷過，卻爲人所看中，在二戰結束五十週年時，以《喋血中途島》發行，其中只改了一個字，「約克鎭號」（Yorktown）航空母艦，改成了「約克城號」，發行數量第一版就有一萬零五百冊，相當於臺灣的五印數，盜版的人爲了欺罔讀者，不注明「譯」而寫成「著」悄悄發行，以爲天衣無縫。

無巧不巧，我在三年前還鄉探親，爲了替墨人兄找他的「張本紅樓夢」，到書店街「掃街」覓書，仔仔細細翻閱中，竟把這個盜版的《喋血中途島》逮了個正著。

我回到臺灣，把這件事委託舍妹果翔追究，總算有了結果，盜版人公開道歉，停止出書，還作了一些賠償。

《鐵達尼號沉沒記》的盜版更多，找得出來確有其社的出版機構有四家，有的承認，有的推卸，有的不理，只有耐著性子一一交涉處理，但「正版」的發行，顯然受到影響，行銷並不理想。還趕不上臺灣銷數的三分之一。

一生譯了這麼多書，爲大陸出版界垂青盜版的卻只有兩種，而這兩種都是華特勞德所著，從這一點看，這也是我和勞德的一種緣份了。

甲板平面圖

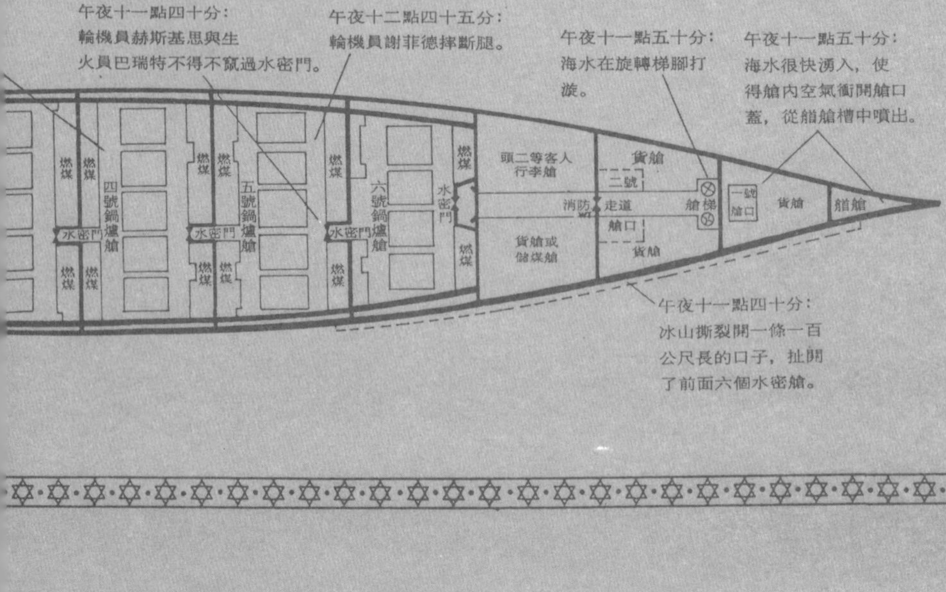

午夜十一點四十分：
輪機員赫斯基思與生
火員巴瑞特不得不竄過水密門。
午夜十二點四十五分：
輪機員謝菲德摔斷腿。
午夜十一點五十分：
海水在旋轉梯腳打
漩。
午夜十一點五十分：
海水很快湧入，使
得艙內空氣衝開艙口
蓋，從艏艙槽中噴出。
午夜十一點四十分：
冰山撕裂開一條一百
公尺長的口子，扯開
了前面六個水密艙。
燃煤
四號鍋爐艙
水密門
五號鍋爐艙
六號鍋爐艙
頭二等客人
行李艙
貨艙或
儲煤艙
消防
走道
貨艙
二號
艙口
艙梯
一號
艙口
艏艙

鐵達尼號底

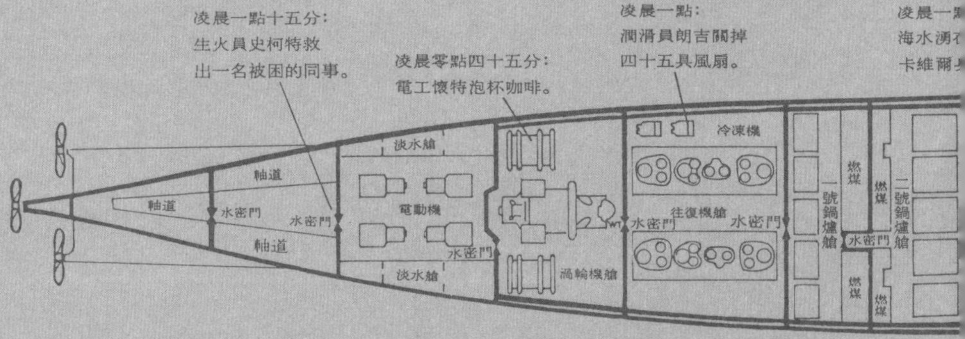
凌晨一點十五分：
生火員史柯特救
出一名被困的同事。
凌晨零點四十五分：
電工懷特泡杯咖啡。
凌晨一點：
潤滑員朗吉關掉
四十五具風扇。
凌晨一
海水湧
卡維爾
淡水艙
軸道
軸道
水密門
水密門
軸道
電動機
水密門
淡水艙
渦輪機艙
冷凍機
往復機艙
水密門
水密門
燃煤
一號鍋爐艙
燃煤
燃煤
二號鍋爐艙
水密門
燃煤
燃煤